내가
만난
하느님

내가 만난 하느님

| 발행일 | 2023년 4월 25일 |

지은이	이지선
펴낸이	백대현
펴낸곳	도서출판 정기획(Since 1996)
출판등록	2010년 8월 25일(제2012-000003호)
주소	경기도 시흥시 서촌상가4길 14
전화번호	(031)498-8085
팩스번호	(031)498-8084
이메일	cad96@chol.com

편집/제작 (주)북랩 김민하

ISBN   979-11-971771-6-3 03230 (종이책)   979-11-971771-4-9 05230 (전자책)

내가 만난 하느님

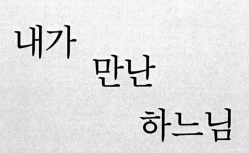

나와 함께 한다는
증거를 주시옵소서

이지선 지음

정기획

차례

★ 재물, 권력, 삶, 욕망에서

순간순간을 떠나오면서

연습이 부족해 프로답질 못했다

그들이 내 곁을 떠나기 전

먼저 떠나올 수 있는 연습을 한다

경기 종료 마지막 순간에

금메달을 잡을 수 있는 찬스를 위해

눈을 감고 내 안을 들여다본다. ★

1장

내가 만난 하느님

이건, 하느님의 농간이야

코로나로 모든 예술인들이 어려움을 겪는다. 나는 글을 쓰는 사람이라 크게 피해를 보지는 않았다. 오히려 원고료를 더 받은 셈이다. 모임, 행사가 줄어들면서 행사비 지출이 없어 대신 원고료로 받은 것이다.

시에서 예술인들의 피해 보상을 해 준다고 예술인 신청을 받았다. 나는 핸드폰도 반납해야 하는 10일간의 피정에 연락을 받지 못했다. 나중에야 알게 되어 서둘러 신청했다. 예술인 증명서가 있는 사람에게 우선이라고 한다. 생각지도 않은 100만 원을 받으면 어디다 쓸까 행복한 고민을 했다. 50만 원은 내가 생각했던 곳에 기부하고 나머지 50만 원은 나를 위해 쓰고 싶었다. 무릎에 이상 징후가 있어 뜸을 받고 싶었다.

예정일 보다 일찍 돈이 입금되었다. 5시가 넘어 도착한 입금 확인 문자를 받고 서둘렀다. 돈이 들어오기 전에 나갈 데가 먼저 생기는 경험상 당장 50만 원을 마음 먹은 데 보내야 할 것 같았다. 지난번 순례지에 갔을 때 도미니코 신부님이 함께 하셨다. 탈북자 가정의 청소년 8명과 같이 사는데 어려움이 많다고 하셨다. 남한에 적응하기 어려운 가정의 아이들이 상처도 많고 어머니의 도움을 받기가 어려워 힘들다고 하신다. 더욱이나 초중생인 남자애들의 전투 같은 생활에서 본인의 역량 부족을 느끼며 경제적 어려움이 많다고 하신다. 코로나 시국에 봉사자들도 오지 않고 후원자들도 많이 줄어들었다는 것이다.

기회가 있으면 후원해 주고 싶었다. 그러던 차에 이번 보상금을 받았으니 마음이 변하기 전에 우선적으로 그곳에 보내고 싶었다.

핸드폰으로 그곳 계좌를 찍었다. 금액란에 100만 원을 찍었다. '○○에 100만 원을 보내시겠습니까?' 자동으로 손가락이 눌러졌다. 그러고 나서 아차! 50만 원을 보내려고 했었는데. 지금까지 나는 돈이 들어오고 나가고 어디에 보내고 하는 것에는 한 번도 실수해본 일이 없다. 계산만큼은 병적일 정도로 철저하다. 그런데 그 순간, 모든 감각과 눈이 가려져 있었던 것처럼, 필름이 끊긴 것처럼, 그렇게 실수를 했다.

나는 크게 웃었다. "이건 하느님의 농간이야." 신부님께 사실 그대로 문자를 보냈다. 신부님도 어이가 없었는지 50만 원을 돌려줄 방법이 없는지 알아보겠다는 답을 보냈다. 다시 문자를 보냈다. '아마도 하느님 보시기에 이번 성탄에 그곳에 써야 될 돈이 많이 필요했기에 하느님의 작전이었을 것이다'라고.

하루 종일 웃었다.

처음부터 그렇게 했어야 했는데. 내가 힘들여 번 돈도 아니었는데. 얄팍한 욕심에 하느님이 그렇게 개입하셨던 게 부끄럽기도 하고 조금은 어이없기도 해서다.

혼자 중얼거렸다.

"당신이 하시는 일 어련하시겠어요?"

5분 대기조 하느님

홍도와 흑산도에 성지순례를 다녀올 때다.

사당역에서 출발해 사당역에서 일정이 끝난다. 흑산도에서 1박을 하고 부지런히 홍도까지 다녀와 버스가 도착한 것은 밤 12시 반이 넘었다. 늦어도 11시쯤에는 도착할 예정이라던 버스가 일요일인데다 비가 와 고속도로 사고가 많아서 늦은 것이다. 여행사도 그동안 이런 일이 없었다며 난감해했다.

일행들은 가족한테 연락하거나 남편한테 전화를 해 사당역으로 나와 달라고 했다. 혼자 온 나는 난감하다. 버스와 전철은 다 끊겼고 마중 나오라고 할 남편도 없다. 혼자 택시를 타고 가자니 비용도 만만치 않다. 그렇다고 코로나에 찜질방에 갈 수도 없고 혼자서 모텔에 갈 수도 없다. 용산에 사는 동생네를 생각했지만 밤 1시가 넘어 불쑥 간다는 것도 편치 않았다. 사위한테 전화를 할까 했으나 역시 그랬다. 싸워가며 살고 있을 때는 모르지만 이런 때 남편이 가장 만만한데 성질 급해 먼저 떠난 남편이 간절히 그리웠다.

고민이다. 여행사 사장이 이 차고지가 시흥시 계수동이라는 말에 귀가 번쩍했다. 계수동까지만 가면 집에서 그리 멀지 않으니 택시를 타도 될 것 같았다. 버스에 내리지 않고 버티고 있었다. 기사가 난감한 표정을 지었지만 지금 남의 사정을 봐 줄 때가 아니다. 모르는 척 앉아 있으니 "차고지는 허허벌판에 있어 택시 타기가 어려울 건데요." 기사가 나 때문에 불편한 기색이 역력하다. 두 대의 대형버스가 차고지를 향해 가다가 광명 IC에 들어가기 직전에 가차 선에 섰다. IC에 들어서면 나 때문에 골치가 아플 모양이다. '집에 가는 길에 나를 데려다 주면 택시비를 주마' 하고 기사와 흥정을 했지만 가는 방향이 다르고, 차고지에 도착하면 한 시간 이상 버스 청소를 해야 한다는 것이다. 두 기사가 카카오택시를 호출했지만 잡히지 않는다. 비는 오고 칠흑 같이 어두운 밤 대형버스는 나 때문에 갈 길을 못 가고, 택시는 잡히지 않고, 그야말로 사면초가다.

내가 어떻게 할 수 있는 상황이 아니다. 정말 앞뒤가 멍해진다. 의자에 머리를 처박고 "주님, 나 어떻게 해요" 하고 신음하듯이 중얼거렸다.

긴 한숨을 내 쉬며 머리를 드는 순간, 넓은 차선에 아무런 차도 없는데 빈 택시 한 대가 신호대기를 받고 서 있다. 버스 기사가 마이크로 택시를 불렀다. 온몸에 전율이 쫘악 돈다.

택시 기사는 집이 서울이라 시흥 능곡동에 손님을 내려주고 집으로 가는 중에 차 한 대도 없는 도로에 신호 대기로 서 있었다고 한다. 택시 기사의 사정이야 어떻든 이 순간 내 기도에 응답해 주신 하느님에 온몸이 가시가 돋는 느낌이다.

일행들과 이 경험담을 나누었다. 그 자리에 계시던 신부님이 나도 그런 경험이 있는데 그 순간 기도를 하지 않아 밤새도록 걸었다는 얘기를 해 모두 웃었다.

나를 부르신 하느님

내가 24세 때였다. 부모의 결혼 반대에도 무릅쓰고 용감하게 나 혼자 결혼을 감행했다.

부모가 결혼을 반대할 때는 충분한 이유가 있었다. 자기 생명보다 나를 더 사랑한다는 이유는 현실적인 가난으로 나를 우울하게 했다. 희망이 없어 보이는 암담함이 온통 회색의 나날이었다.

72년도의 집들은 지금의 시골 동네보다 허름했다. 방 한 칸에 부엌 수도도 공동수도에 화장실도 수세식 공동화장실이다. 더욱이나 내가 살고 있는 집은 10가구가 세를 살고 있었다.

그 무렵이다. 낮잠을 자지 않은 내게 설핏 잠이 든 것 같다. 우렁찬 목소리로 내 이름을 부르는 소리가 온 동네에 퍼졌다. 집들만 있는 동네는 사람이 보이지 않았다. 나는 골목길에 나와 내 이름을 부르는 소리를 찾아 두리번거렸다.

"누가 이렇게 큰 소리로 내 이름을 부르지?"

날이 어둑해 저녁인 듯싶다. 하늘은 신비로운 구름 사이를 석양빛으로 비추었다.

빛을 등지고 서 있는 큰 사람이 지팡이를 들고 푸른색의 망토를 걸치고 긴 머리를 늘어뜨리며 서 있다. 얼마나 큰지 내가 고개를 쳐들어 보아야 했다. 다리는 보이지 않았다. 엉겁 결에 내 이름을 부르는 그 분 앞에 섰다. 아니 그분이 작은 골목길에 서 있었기에 나는 더 다가가지도 못하고 그분을 올려다봤다.

"어디서 본 듯한 사람인데." 왼손에 지팡이를 잡은 그가 오른손으로 한 곳을 가리켰다. 그곳은 건물 위에 높은 탑이 있는 곳에 어떤 남자가 십자가를 다느라 못질을 하고 있었다. 망치로 못 박는 소리가 어찌나 크게 울리던지 귀가 멍멍해 왔다.

"내가 너한테 저것을 주마."

그 음성은 사람의 소리도 아니었고 마이크 확성기로 나온 음성도 아니었다. 그러나 산울림처럼 진동이 파장되는 느낌의 소리다. 너무 선명해서 잊히질 않는다.

그게 무슨 뜻이지 그분이 누구인지 이해할 수 없었다. 어렴풋이 그 모습이 어느 그림이나 책에서 본 듯도 했다. 나는 교회를 무척 싫어했다. 불교 쪽의 성향이 많았기에 관심이 없었다.

나를 따르라 하는 식의 독선적인 글귀들을 볼 때마다 불편한 생각을 가지곤 했다. 그 이후에 성탄의 캐럴이 울려나올 때쯤이면 그게 무슨 뜻일까 생각하다가 잊어버리곤 했다. 그리고 5년이 지난 후에 우리 가족 넷은 성탄 자정미사에 영세를 했다.

기독교에 엄청 비판적이었기에 천주교 신자가 된 나를 친구들이 놀리곤 했다. 내가 침 뱉은 우물에 내가 물을 마시게 되었으니 그럴 만도 하다.

그때서야 알았다. 하느님은 이미 오래전부터 당신의 자녀를 부르시어 예비하고 계시다는 것을. 삶은 내 생각이나 의지대로 살아지는 게 아니라는 것을.

살아왔던 길을 되돌아보니 내 의도와는 달리 전혀 다른 곳에 서 있는 나를 발견하고 머리를 숙여야 했던 일이 어디 한두 번이었던가?

주님, 나와 함께 한다는 증거를 주세요

남들이 보기에 나는 열심한 신자였다. 거의 성당에서 살다시피 했다. 여러 단체에 소속되어 열정을 다 했다. 그러나 그건 내 성격이고 내 가슴은 항상 공허했다.

하느님이 정말 계신가? 나와 함께 하신다고 했는데 정말 그럴까?

의심이 많은 나는 성경 말씀도 미사도 믿어지지 않았다. 성경을 여러 번 통독하고 성경 공부도 열심히 했다. 물론 미사도 열심히 참례했다. 무엇이든 시작하면 최선을 다하는 게 성격이다. 그러나 남들이 신앙이 좋다고 할 때마다 나는 죄책감이 들었고 갈등했다.

내가 내 양심을 속이는 건 아닌가? 하느님이 계시다면 이런 내 마음도 아실 텐데 왜 내 물음에 응답해 주지 않을까?

나는 순간순간 가책이 들 때마다 하느님께 요구했다. 당신이 나와 함께 한다는 표시를 주시라고, 내가 부인할 수 없는 증거를 주시라고 대들곤 했다. 능력자이시니 얼마든지 해 줄 수 있는데 왜 안 보여주시냐고 항의했다. 그래도 그분은 침묵했다. 거의 포기 상태가 되었다. 더 갈등이 심했다. 내가 나를 속이면서 성당 활동을 계속해야 하는가? 위선적인 내 행동에 내가 지쳐갔다. 그러던 중 성당에서 꾸르실료 교육에 추천이 되었다.

나는 내가 주어진 모든 일에는 열심히 하는 성격이다. 교육이라던가, 세미나 등 새로운 체험과 배움에는 호기심이 많다. 내 나이 34세 때였다.

3박 4일의 교육일정은 열심히 참여 하면서도 내 갈등은 계속되었다.

"주님, 최고의 봉사자 교육이라는 이곳에서도 내가 당신을 만나지 못하면 나는 어디 가서 당신을 만날 수 있습니까? 당신이 함께함을 내게 보여주세요."

입소할 때부터 내가 하던 기도다. 꼭 막다른 길에서 더 도망갈 수도 없고 뒤돌아 갈 수도 없는 심정이었다. 프로그램은 열성적으로 참여해 좋은 평가를 받았지만 내 가슴은 점점 모래가 쌓이는 느낌이다. 하루 지나고 이틀이 지나도 아무런 반응이 없자 나는 자꾸만 초조해졌다. 3일째 되면서 더 불안해지기 시작했다.

"주님, 정말 저를 버리실 건가요?"

가슴이 답답해 왔다. 무언가 소화되지 않은 음식물들이 더부룩하게 쌓인 느낌이다. 한 시간 두 시간 시간이 갈수록 절망감이 밀려왔다. 4일째가 되었을 때는 화가 났다.

"주님, 내가 여기서 당신을 만나지 못하면, 나더러 어떻게 하라는 겁니까? 결국 당신은 존재하지 않은 건가요? 그 모든 게 허위입니까?"

공식 일정이 끝나고 파견미사를 하러 내려가면서 나는 완전히 절망상태가 되었다. 배신감과 긴 한숨이 나왔다. 다른 동료들은 기쁨에 차 들떠 있었지만 내 발걸음은 천근만근이다. 입안에 모래알이 가득 쌓여있는 느낌이다. 온몸에 힘이 빠져 기진맥진한 상태다. 미사도 참석하고 싶지 않았다. 하느님을 내가 믿을 수도 없고 확신도 없는데, 성체를 영한다는 게 위선이라 생각했다. 예수님이 성체변화를 한다는 자체도 믿을 수가 없다. 이론상으로는 알지만 확신이 없는데 이 마당에 영성체를 안 할 수도 없고 도망갈 수도 없다. 이런 내 상황이 화가 났다. 이 교육 중에 그렇게 간절히 기도했지만 아무런 대답을 받지 못한 나는 단념, 체념, 절망, 이런 상태로 성당 안에 미사를 드리러 앉아 있었다. 조별로 앉은 내 자리는 제일 앞이다. 나는 조장을 맡아 그동안 조별 활동에 누가 봐도 열정을 다한 열심히 하는 신자였다.

주교님이 파견미사를 집전하셨다. 의례적으로 미사를 하고 영성체를 했다. 속으로 중얼거렸다. "정말 당신의 몸인가요?"

미사가 끝나고 주교님이 한 사람 한 사람 제대로 불러 안수를 주셨다. 나도 안수를 받았지만 아무런 감흥이 없었다. 다만 주교님의 안수라 무언가 묵직하고 경건해야 한다는 느낌이었다.

모든 일정이 다 끝났다. 허탈했다. 밖에는 남편과 애들과 본당 신자들이 환영하러 꽃다발을 들고 기다린다. 옆에 있는 동료들이 일어서 나간다. 이제 더 이상 기다릴 게 없지 않은가?

밖에서 기다리는 사람들이 있는데 가슴에 돌덩이를 안고 자리에서 일어났다.

그 순간 확 뜨거운 방망이 같은 게 내 머리를 쳤다. 나는 순간 비틀거리며 주저앉았다. 온몸이 불 속에 든 것처럼 뜨겁고 몽롱하고 어지러웠다. 혀가 점점 커지더니 입안에 가득 차서 밖으로 터져 나올 것 같이 부풀고 있었다. 커진 혀가 입안을 막아 숨을 쉴 수 없다. 입이 열리면 이 강당이 떠나갈 듯한 소리가 나올 것 같다. 나는 입을 틀어막았다. 그 순간에도 내가 여기서 큰 소리로 방언을 한다면 얼마나 창피한 일인가 하는 생각도 들었다. 혀가 밀려 나올 듯한 입을 두 손으로 꽉 막고 기도했다.

"주님, 알았어요. 당신이 계시다는 거 이제 알았어요. 그러니 제발 저를 진정시켜 주세요."

한참을 그러고 있었다. 가슴이 터질 것 같고 온몸이 열기로 차고 입안에 가득 찼던 혀가 조금씩 줄어들었다. 한참을 그렇게 앉아 있었다. 자리에 일어섰을 때는 모두가 다 가버리고 나 혼자 남아 있다. 가족들과 환영 나온 교우들은 내가 나오지 않자 성당 안까지 들어와 나를 확인했다.

주님을 확인한 나는 새로운 신자로 태어났다.

심판대에 서다

약간은 어둑한 광장이다. 큰 사거리 주변에 사람들이 가득 서 있다.

누구도 움직이거나 말을 하는 사람은 없다. 길을 꽉 채운 사람들의 머리와 아무런 표정이 없는 얼굴이다.

길 위에 하얀 옷을 입은 사람들의 한 무리가 걸어온다. 그들도 말이나 표정이 없다. 누가 지시도 신호도 없는데 일렬로 걸어오던 그들은 넓은 광장에 조용히 앉는다. 아니 의자는 없는데 의자에 앉은 것 같은 모양이다. 그 뒤에도 하얀 옷을 입은 사람인데 수녀님 같다는 느낌이 든다. 그들도 누구의 지시도 없이 자리를 잡는다. 역시 아무런 소리도 표정도 없다. 주위는 그야말로 적막하다. 그 많은 사람이 모여 있는데 아무런 소리가 없다. 뒤에 또 한 무리의 흰 옷을 입은 사람들 신부님 같다는 느낌이다. 그들도 수백 명이 한 자리를 잡는다. 빙 둘러 있는 관중들. 그들은 구경꾼들인지 움직임 없이 그대로 서있다. 사람들의 모습인데 회색빛인 그들은 그림 같기도 하고, 살아있는 사람 같지는 않다.

그 광장 앞에 두 발만 올라갈 수 있는 목침만한 나무토막이 놓여 있다. 목침 옆에는 7~8명의 사람이 줄서 있다. 나도 그 줄 맨 뒤에 서 있다. 내 앞에 두 번째로 서 있는 남자는 내가 봐도 주정뱅이다. 아직 술이 덜 깬 듯 몸을 가누지 못한다. 노숙자 옷에 헝클어진 머리며 몇 년을 씻지 않은 얼굴이다. 그는 헌 신을 신고 있다. 그 상태가 술에 취해있어 몸을 가누지 못하고 비틀거리고 있다. 맨 앞에 있는 사람부터 목침대 위에 올라간다. 그리고 내려온다. 술 취한 남자의 차례다. 올라가라거나 내려가라는 지시가 없었는데도 차례가 되면 저절로 올라가 판결을 받고 내려온다. 당사자는 아무런 변명도 말도 할 수 없다. 그 남자가 단상에 오르니 어디선가 크게 울리는 음성이 들렸다

"너는 인간으로 태어나 짐승만도 못하게 살았으니 네가 살아온 데로 가리라."

그가 비틀거리며 단상에서 내려왔다. 주변은 정적. 그야말로 바람소리도 없다.

내 바로 앞에 있는 여자의 차례다. 50쯤 되어 보이는 그녀는 머리를 쪽지고 은비녀를 꽂았다. 은비녀는 오래된 것이다. 키는 크고 호리호리한 몸매가 단아해 보인다. 하얀 광목한복을 입었다. 갸름한 얼굴이다. 언뜻 보아도 천한 모습은 아니다. 얼굴에서 느껴지는 범상치 않은 모습이 자애로워 보이면서도 엄격해 보인다. 부자인 것 같지는 않다. 그곳에 있는 누구도 손에 들려 있는 게 없다. 그녀는 다소곳이 단상에 오른다.

어디선가 또다시 우렁차면서도 울려 퍼지는, 그러면서도 위엄 있어 보이는 음성이 들렸다.

"너는 양반 집안에서 태어났지만 역적으로 몰려 종으로 팔려갔는데도 잘 살고 왔으니 원상대로 회복시켜 주마."

그녀도 단상에서 내려왔다. 이제 내 차례다. 그 순간 어디에도 도망갈 수도 없고 숨을 곳도 없는 그 순간, 하나에서 열까지 나의 모든 것을 알고 있는 어떤 존재 앞에서 숨이 멎을 것 같았다. 내가 저 심판대에 올라서는 순간 그동안 숨겨왔던 잘못한 비밀, 남들은 옳은 사람이라 여기고 있지만 나만 아는 양심의 가책들. 잘못한 것들. 그 모든 게 그 많은 사람 앞에서 그대로 들통이 날 것에 부끄럽고 수치스러웠다. 숨이 막혀 가슴이 답답해 오고 오금이 저렸다. 평생 이처럼 온몸이 굳어버렸던 일이 없었던 것 같다. 치가 떨리게 두렵고 어떻게 할 수 없는 이 난관에서 나는 너무 몸을 움츠려 떨고 있다가 소리쳤다. 꿈에서 깼다. 열흘 동안 숨을 제대로 쉬지 못했다. 지금도 잊히지 않은 그때의 꿈 생각이 날 때면 내 삶을 점검해 본다.

신이 내게 물었다

태어난 모든 사람은, 생명을 가진 모든 것들은 죽기 위해 산다. 잘 죽기 위해 잘 살아야 한다. 생명을 받아왔을 때 죽음도 같이 받아왔기 때문이다. 태어나는 순간 죽음을 향해 계속 가는 게 삶이다. 죽음의 목표까지 도달 하기위해 멀고 험한 산길을 간다. 그길은 짧은 꽃길일 수도 있다.

목표에 도착하면 우리는 삶의 여정이 끝나는 게 상식일진데 머리로는 알지만 가슴으로는 인정하고 싶지 않아 한다. 어떤 상황이었는지 모르지만 나는 죽음에 닿아 있었다. 잠을 자면서다.

꿈이었는지 심하게 가위에 눌러있었는지 내 의식이 잠시 죽음을 체험하고자 했는지 나는 설명할 수 없다. 지금의 나도 이해할 수 없다. 다만 뚜렷하고 생생하게 기억하는 건 죽음에 있다는 느낌이 들었다.

죽음 앞에 섰을 때 너무나 절박한 심정은 아무도 생각이 안 났다는 것이다.

애들이 어렸을 때다. 그러나 그 순간 자식도 남편도 걱정할 틈도 생각할 시간도 없다. 나를 절박하게 조여 오는 건 나에 대한, 내 본질에 대한 물음이었다.

아무것도 보이지 않았다. 내가 죽음에 이르고 있다는 느낌이다. 텅 비어있는 공간은 회색이다. 큰 음성이 울렸다.

"왜 기도하지 않았는가?"

"왜 사랑하지 않았는가?"

내 귀에 울리는 음성. 내 가슴에 파고드는 느낌의 언어. 내 온몸 피부까지 파동이 쳤다.

그 이후 나는 인간에 대한 기대와 애착을 놓았다. 자식과 남편에 대한 기대치를 내려놓았다. 삶과 죽음은, 모두 내 책임하에서 내가 이루어야 하고, 하느님 앞에 서야 하는 것도 나 혼자라는 것. 가족이든, 나 자신이든, 이웃이든, 나무나 동물이나 살아있는 것이든, 죽어있는 것이든, 내가 사랑하는 마음으로 대해야 한다는 것. 그들과 대화하는 게 기도라는 것. 죽음은 물질적인 것이 아니라 영적이라는 것을 알았다.

이따금씩 내게 묻는다.

사랑하고 있는가?

기도하고 있는가?

지금 내가 내 육체를 떠난다 하더라도 절대자 앞에 두려움이 없는가?

4차원의 세계

흑백 TV를 보는 느낌이다. 풍경과 배경이 그렇다. 그러나 우리가 생각하는 것처럼 시간적인 상태는 아니다.

내가 어찌 되었는지 나는 모른다.

꿈이었나? 잠깐 정신을 잃었나? 나도 알지 못하니 무어라 해명할 수는 없다. 그러나 내가 본 상황은 뚜렷하다. 흑백 TV에 영화의 장면 같다. 내가 어렸을 때 나도 기억하지 못하고 있는 장면이 한 순간에 보였다. 내가 살아왔던 모든 삶의 필름이 상연되었다. 영화처럼 시간이 걸리는 게 아니고 한순간에 모든 것이 한꺼번에 보고 느껴지고 이해했다.

어렸을 때 이웃집 달걀을 훔쳐 오는 모습, 작은집 방앗간에서 쌀을 훔치는 모습. 내가 잘못했으면서도 아닌 척 하고 고집부리며 잘못 했다고 용서를 청하지 않은 모습. 남들이 모르는, 그러나 내 양심은 아는 잘못한 일들. 내 모든 삶이 영사기처럼 돌아가는데 한 순간에 그게 다 보였다.

그 영상을 보면서 너무 부끄러웠다. 왜 그때 잘못했다고 하지 못했을까? 저렇지 않아도 됐었는데. 왜 좀 더 너그럽게 하지 못했을까? 자책과 후회와 부끄러움이 내가 나를 보기가 힘들었다.

내가 남한테 잘 보이려고 했던 것들은 결국 나를 속이는 일이다. 남들이 뭐라 하던 내가 나 보기에 떳떳하고 당당하게 살아야 할 일이다.

그러나 우리는 내 알몸이 드러날까봐 두터운 갑옷을 입는다. 젊었을 때 체험한 이 영상은 내가 살아오는 동안 내게 많은 경고를 한다. 그러나 지금도 나는 이따금씩 두꺼운 옷을 입고 나의 본심을 감추는 일이 있다. 머지않아 나는 또다시 이런 영상을 보게 될 것이다. 그때는 기쁨과 환희와 충만함으로 내 삶의 영상을 볼 수 있을까?

자신이 없다.

옷을 하나하나 벗어내고 태어날 때의 알몸으로 돌아가도록 오늘도 순간을 의식한다.

계산이 정확한 하느님

1981년이었다.

애들은 어리고 시동생은 군에 다녀와 갑자기 대학교를 가겠다고 해 우리 집에서 재수를 시키고 있었다. 직장에 잘 다니던 남편은 자기 분수도 모르고 사업을 하고 싶다는 허영에 사로잡혀 있었다.

유혹은 넘어가기를 기다리고 있는 사람들의 허술한 심리를 이용한다.

오갈 데 없는 일곱 식구에게 거실과 부엌을 같이 쓰고 화장실도 같이 써야 하는 처지에서 옆방 두 칸을 월세를 줬다. 그 집 남편이 사업을 하다 부도가 나 오갈 데가 없는 처지였다. 7식구를 받아 주는 집주인도 없었고, 큰 집을 얻어갈 형편이 아니었다. 우리 애들과 그 집 애들이 비슷한 또래라 어지간히 번거로웠지만 사정이 딱하기도 했다. 내가 불편을 참으면 그 집도 이 어려움을 극복할 수 있겠지 싶었다. 그 집은 애들 넷에 부부, 거기다 친정 아버지까지 함께 살았다. 부엌과 거실과 화장실을 같이 써야 해서 여간 복잡한 게 아니었다.

그 집 주인아저씨가 남편을 충동질 했다. 좋은 사업 아이디어가 있는데 자기는 돈이 없으니 남편과 동업을 하자는 것이다. 그때만 해도 플라스틱 제품이 지금처럼 흔하던 때가 아니다. 초창기였다. 남편은 중동에 나가 귀국한 때라 집에 저금한 돈이 있었기에 그 말이 솔깃했다. 나는 왠지 불안했다. 사장님이 된다는 부푼 꿈을 가지던 남편은 그 남자의 말만 믿고 직장을 그만 두었다. 나는 불안감에 하느님의 응답을 듣고자 기도에 집중했다.

당시는 지금처럼 비닐하우스가 대중화 되어 있지 않았다. 제주도에만 하우스재배를 하고 있던 때다. 사업의 요지는 제주도에 가서 헌 비닐을 수집해 플라스틱 제품을 만들면 대박이 난다는 것이다. 그 계통에 기술도 없고 알지도 못하는 남편은 돈을 대고 그는 기술을 댄다는 조건이다. 사장 노릇에 신이 난 남편은 그 사람과 탐색 차 제주도를 여러 번 왔다 갔다 했다. 비행기 위에서 보면 제주도에 널려 있는 비닐하우스가 자기를 대박나게 해 주길 기다리고 있는 듯 착각했다. 고생하여 모아 놓은 돈을 꺼내 동업자가 원하는 기계를 사서 제주도로 보내고 사업을 진행하던 중이다. 왠지 확신이 가지 않고 불안한 나는 하느님께 이 사업을 해야 하는지 계속 물었다.

"사업을 계속하면 너희만 손해 본다."

꿈속에서 큰 음성을 들었다. 남편은 동업자와 돈 문제로 갈등하고 있었다. 동업자는 신뢰할 수 없는 여러 행동을 했다. 우리가 돈을 대는 조건이라 손해가 나면 모두 우리 몫이었다. 직장생활만 하던 남편은 세상물정을 너무 몰랐다. 직감이 불길해 말렸지만 이미 내달리고 있었다. 남편한테 꿈에 들은 음성의 말을 전했다.

"지금 이 건만 손해 본다는 거야? 아니면 계속 그런다는 거야?"

"그건 나도 몰라."

미심쩍어 하면서도 남편은 이미 시작한 일이라 미련을 버리지 못했다. 아마도 남편은 직장을 탈출해 사장이 되고 싶은 욕망 때문에 눈감았는지도 모른다. 동업자의 비행을 책망하는 선에서 마무리하고 일을 계속 진행했다.

거창한 계획을 가지고 제주도에 갔다. 공장을 차리려 동분서주 알아보러 다녔다. 문제는 모든 게 이상하게 뒤틀렸다. 계약하려던 공장 터는 공장을 차릴 수 없었고, 한전에서도 전기가 허가가 안 된다는 것이다. 거기다가 늘비하던 폐비닐은 자기 혼자만을 위해 기다리고 있는 게 아니었다. 그곳에는 이미 기존에 똑같은 업종이 들어와 일을 하고 있는 공장이 많았다. 원자재가 부족해 서로 쟁탈전을 하느라 값이 부르는 게 천정부지다. 섬이라서 원자재 구입에 한계가 있고 육지에는 아직 비닐하우스를 시작하지 않을 때다. 직장도 그만 두었고 친구나 주변 사람들 친척 가족들에게 큰소리쳤던 자신의 몰골이 창피해 어떻게라도 해보려고 했단다. 은행에 가서 돈을 찾아야 하는데 은행 기계가 원인 모르는 고장으로 돈이 인출이 안 된다고 해 두 시간이 넘게 창구에서 기다리고 있었다고 한다. 남편은 영세를 받았지만 거의 냉담 상태다. 회사가 바쁘다는 이유도 있지만, 하느님이 있니 없니 하며 불신하고 있던 중이다. 다급한 남편은 화장실에 가서 절실히 기도 했단다. 그 순간, 이건 하느님이 하지 말라는 신호라는 느낌이 들었다고 한다. 멀쩡하던 은행 기계가 두 시간 동안 고장이 나 돈을 인출하지 못한 것은, 하느님의 뜻일 수도 있다는 생각이 퍼뜩 들었다고 한다. 남편은 동업자를 불러 이 사업계획을 그만 두겠다고 선언했다. 그만두는 쪽으로 일을 처리 하니 믿을 수 없을 만큼 일처리가 잘 되었다고 한다. 기계를 다시 육지로 보내고 배를 타고 오는데 자존심도 상하고, 스스로에게 부끄러워 바다에 빠져 죽으려 했다고 한다. 그런 과정에 우리만 왕창 손해 보았다. 직장도 잃고, 돈도 잃고, 체면, 자존심, 다 잃고 나서 거의 폐인이 되다시피 했다.

친구도 친척도 형제들도 방관자들이었다. 우리의 도움을 많이 받았던 형제들도 부모도 그랬다. 안 될 때는 움직일수록 엉킨다. 잘 나갈 때는 직장도 여기저기서 와달라고 하더니 안 되려니 아무리 노력해도 이상하게 엇나간다. 그 와중에도 시동생 학원비도 우리가 내주어야 하는데 하루하루 살아가는 게 곡예다. 돈이 되는 것을 정리해 먹고 살아야 했다. 적금을 깨고, 보험을 깨고, 팔수 있는 것들은 다 팔았다. 일당 일도 했다. 그래도 신기하리만치 돈이 없을 때 무언가가 생겼다. 언젠가는 중국집에서 음식을 시켰는데 기다리는 사이 들고 있던 신문에 작은 광고가 눈에 들어왔다. 보험을 해약한 사람들에게 환급금을 더 주라는 정부의 권고가 있어 더 내주겠다는 것이다. 이런 식으로 근근이 지내면서 여기저기 알아보지만 절망에 가까운 나날이었다. 자꾸만 우울증에 빠지는 남편의 마음을 일으켜야 했다. 어려움을 극복하려면 믿음과 확신이 필요한데 냉담 중인 남편은 나날이 절망의 늪에 빠지고 있었다.

종로4가 성당에 성령 세미나가 있으니 바람 쐴 겸 2박 3일 다녀오라고 했다. 집에 돈이 없었다. 이웃집에서 참가비를 꾸어 보냈다. 잘 받아들일 수 있을까? 문제가 더 커지는 건 아닐까? 걱정이 되었다. 돌아온 남편의 표정은 너무 평온하고 행복한 모습에 안심이 되었다. 세미나에 온 남자들과 대화하고 말씀을 들으니 자기가 겪는 일은 아무것도 아니더라는 것이다. 그동안 자기가 교만해 하느님이 자기를 훈계하시는 중이라는 것. 정말 하느님이 계시다는 걸 체험했다는 것이다.

그날 이후 남편은 완전히 새로운 사람이 되어 있었다.

그러던 차에 쓸모없게 된 기계가 팔리어 계약금 10만 원을 수표로 받아왔다. 남편이 말했다.

"그동안 내가 하느님께 너무 인색하게 굴었던 것 같아. 이 돈은 하느님께 바치자."

집에는 돈이 한 푼도 없다. 수표라서 찢어서 나누어 쓸 수도 없다. 현금으로 왔다면 순간에 다 나갔을 것이다. 말이 떨어지자마자 나는 성당으로 달려갔다. 그 돈이 집에서 자게 되면 내 마음이 흔들릴 것 같아서다.

남편은 직장에 다닐 때 여의도 술집 마담이 다 누나고 동생일 정도로 술을 좋아했다. 직업상 술 접대를 받는 게 일상화된 터라 집에 자주 오지도 못했다. 그러면서도 성당에 헌금하는 게 아까워 말다툼을 하고 불만을 터뜨렸다. 성모상을 만드는 데 헌금을 했다고 대판 싸우기도 했다. 그랬던 그가 또 언제 생길지도 모르는 이 돈을 헌금하겠다니. 81년도의 10만 원이면 적은 돈도 아니다. 집안에 수입이 없고 지금 돈 한 푼이 없다. 당시에 성당을 지어야 한다는 발표를 하고 나서 아마도 우리가 제일 먼저 건축헌금을 냈을 것이다. 돌아오는 내 발걸음이 날아갈 듯하다. 돈은 쪼들리지만 충만된 기쁨은 가슴에 가득했다.

정확히 한 달이 되던 날이다. 등기 우편이 왔다. 예전에 다니던 회사에서 온 것이다. 공무원이었던 남편이 지방에 있는 회사에 스카우트 되어 6년간 근무하다 서울에 올라왔었다. 그 회사에서 월급 때마다 조금씩 떼어 조합원들끼리 필요할 때 돈을 빌려 주기도 하고 이자도 주는 제도가 있어 우리도 빌려 쓰기도 했다. 퇴직하면서 모든 것을 정리했다. 퇴직한 지 몇 년이 지났는데 우리에게 더 줄 것이 있으니 와서 찾아가라는 것이다. 둘이 얼굴을 마주보며 어리둥절했다. 우리 계산으로는 찾을 게 없었다. 지방에 있는 회사까지 갈 차비도 없다. 가서 계산이 잘못된 것이라면 손해가 막심한 일이다. 고심하다가 답장을 했다. 우편으로 보내달라고. 보내온 봉투에는 10만 4천 원이 들어 있었다. 우리는 소리쳐 웃었다.

"하느님 정확하시군요. 한 달 이자까지 쳐서 보내주시다니."

그 당시에는 이자가 월 4%였다. 믿기지 않아 이 돈을 써야 하나 말아야 하나 망설였다. 그러나 당장 돈이 없으니 우선은 쓰고, 잘못되었다고 돌려 달라면 그때 돌려주자고 했다.

지금까지 돌려 달라는 연락은 없다. 그 이후로 남편은 신앙생활을 하면서 하느님을 체험하고 냉담하는 일은 없었다. 그때의 시련이 얼마나 큰 축복이었는지 감사하다. 시련 중에 감사하라는 말씀이 무슨 뜻인지 체험하고 나서 우리는 더 큰 기쁨을 누릴 수 있었다. 우리에게 손해를 끼쳐 힘들게 했던 동업자네는 개신교에 다녔는데 우리 집에 살면서 천주교로 개종해왔다. 두 아들은 남편이 대부를 섰고 두 딸은 내가 대모를 섰다. 3년 동안 시련을 겪으면서 많은 체험을 했다. 처음엔 동업자를 원망했다. 그러나 시간이 지나면서 깨달았다. 우리 부부를 단련시키기 위해 그들을 도구로 사용했다는 것을.

천국도 지옥도 없다

아버지는 78세에 1994년도에 준비 없이 갑자기 돌아가셨다.
태어난 곳에서 평생을 사셨다. 6남매에서 두 분의 형과 남동생과 누나와 여동생 이런 중에 셋째 아들이다. 부모님에게 고분한 아들은 아니셨던 것 같다. 착한 형이 맞고 오면 가서 때려주고, 공부하기 싫어 학교가다 중간에 도망 다녔다 한다. 그래도 결혼 후에는 가정에 충실하시려 노력하셨다. 내가 역사를 좋아했던 건, 긴긴 겨울밤에, 별이 총총했던 여름밤에 들려주신 아버지의 이야기에서다.

아버지가 돌아가시고 한 달쯤 되었을 무렵이다.
현실처럼 생생한 꿈이 잊혀 지지 않는다. 우물가에 서 있는데 아버지가 대문으로 들어오셨다. 아버지는 돌아가셨는데 하는 생각 중에 아버지가 걸어오시면서 말씀하셨다.
"너희가 보고 싶어 딱 한 시간만 시간을 내 달라고 해 왔다."

내가 만난 하느님

아버지는 사랑방 마루에 걸터앉으셨다.

살아생전의 모습보다 좋아 보였다. 돌아가시고 10여 일이 되었을 때다. 하얀 명주 도포를 입은 아버지가 신선 같은 모습으로 공중에 떠서 날아가는 모습을 보았다. 내 생전에 아버지가 그렇게 잘생긴 얼굴이었는지 처음 알았다. 너무 신령스럽게 보여 나의 아버지라는 게 자랑스러웠다. 그러나 이번의 모습은 평상시의 아버지 모습이다.

나는 아버지 옆에 앉자 물었다.

"아버지 그곳에는 천국과 지옥이 있어요?"

"천국도 지옥도 없어. 그건 종교인들이 만든 거지. 종교를 유지해야 하니까"

아버지는 꽉 막힌 노인은 아니었지만, 종교에 대해 논할 정도로 학식이 있는 분은 아니었다. 신앙생활도 하지 않았지만 미신도 믿지 않으신 분이다.

"그럼 아버지는 그곳에서 뭘 하셔요?"

"농사를 짓지. 내가 할 수 있는 게 농사밖에 없잖니?"

그렇게 말씀하시는 아버지의 표정이 말을 하지 않으면 못 견딜 것 같은, 그러면서도 쉽게 말을 할 수 없는 비밀스런 이야기를 하고 싶은 표정이다. 차마 딸한테 말을 해도 되나? 남이 보지 못한 것을 혼자 보고 와서 자랑하고 싶은 어린아이 같은 표정에 쑥스러움과 호기심이 어려 있다. 살아생전에 그런 표정은 처음이다. 상기된 얼굴은 전혀 다른 아버지의 모습이다.

"그곳에는 남자가 여자 같고, 여자가 남자 같은 함지방도 있다."

그 말을 꺼내는 아버지는 못 볼 것을 본 것 같은 부끄러운 몸짓을 하셨다. 함지방이라는 소리가 내가 아는 단어가 아니라서 사전을 찾아보았다.

'한번 들어가면 나올 수 없는 방'
이 말의 풀이와 아버지의 표정으로 보아 단순한 의미는 아닌 듯싶었다.

함지방이 어느 때 쓰이는 말인지 남자들에게 물어보았다. 술을 좋아하는 남자들이 하는 은어라 했다. 술집여자한테 붙들려 들어가면 발가벗고 나와야 하는 술집을 함지방이라고 한다는 것이다. 지금은 그런 일이 별로 없겠지만 60년도에서 80년도 시절에는 바가지 쓰는 술집이 많았던 것 같다. 그런 술집을 남자들 사이에 그렇게 불렀던가보다. 그런데 술집 다니지 않은 아버지의 입에서 함지방이라는 말이 나왔다.

아! 아버지는 저승에서 구경을 다니시다가 생전에 가보지 못한 유흥가에 가셨나 보다.

지금은 모두가 알고 있지만, 당시만 해도 남자가 여장을 하고, 여자가 남장을 하는 게이들의 일상이 알려지지 않았던 당시 아버지에게는 엄청 큰 쇼크였을 것이다.

이곳에서 보지 못한 것을 저승에서 보고 황당했던 감정을 얘기하고 싶어 오셨나 보다.

지옥도 천국도 없고, 그곳에서 제일 잘 할 수 있는 농사를 짓고 있다는 아버지의 메시지가 한동안 묵상거리였다.

지옥과 천국은 지금 이 세상에 있는 게 아닌가?

내가 잘 할 수 있는 일을 즐겁고 기쁘게 하면서 행복을 느낀다면 지금 천국에 사는 게 아닐까?

이민을 말리신 분

남편은 항상 대한민국을 떠나는 꿈을 꾸었다. 60~70년대의 우리나라 사정으로는 희망이 없어 보였던 것이다. 미국취업이민을 신청해 3개월이면 떠날 수 있다는 시기에 나를 만났다. 이민에 대해 관심이 없었던 나는 고향과 대한민국을 떠난다는 게 달나라를 간다는 것과 같은 생각이었다. 결혼하고서도 남편은 계속 탈출을 꿈꾸었다. 몇 번인가 이민 사기도 맞았다. 사업 실패로 중동 근무를 많이 했다. 역마살이 낀 그는 중동에 있을 때 파라과이 영주권을 돈 주고 샀다. 당시에 이민 공사에서 아르헨티나 이민 신청을 받았다. 그의 최종 목표는 미국행이었지만 한국을 떠나 아르헨티나나 파라과이로 가면 더 수월하게 미국으로 갈 수 있을 것이라는 계산에서다.

이민공사에 서류를 접수하고 수속이 거의 마무리 될 무렵 나는 정말 가야 하는지 확신이 없었다. 당시에 아르헨티나는 우리보다 월등한 선진국이었지만 아무런 연고도 없고 말도 안 통하는 지구 반대쪽에 가서 무엇을 어떻게 살아갈지 불안했다. 시간이 가까워 올수록 갈등이 생겼다. 누구한테 물어봐야 아무도 확실한 해답을 가지고 있지 않았다. 답답하고, 암담하고, 불안하다. 미래를 예측하고 확인해 줄 사람이 없다. 하느님께 기도했다.

"주님, 어떻게 하는 게 당신의 뜻인지 대답을 해 주세요."

응답이 없었다. 갈수록 초조하고 답답했다. 남편은 해외 근무 중이다. 결정을 빨리 내리라는 독촉이 왔다. 떠나려면 집도 정리하고 주변 정리도 해야 했다. 형제가 많았지만 노후가 불안한 시부모님은 식음을 전폐하고 걱정하셨다.

"주님, 대답해 주세요."

갈지 말지에 대한 확신이 없는 나는 하느님께 억지를 부렸다.

비행기에서 나 혼자 내렸다. 헬리콥터에는 나 혼자만 있었다. 시작도 끝도 없는 사막이다. 나무 한 포기 없는 사막에는 바람이 횡횡거린다. 땅바닥에 붙어 있는 잡초가 말라 있다. 사방을 둘러보아도 아무도 없다. 걸어 다니는 동물도 없다. 어디로 가야 할지 방향도 모르겠다. 외로움과 삭막함, 절망과 막막함, 뼛속까지 스며드는 불안, 해는 저무는데 지구 밖에 나 혼자 덩그러니 있는 심정이다.

꿈이었다. 하느님의 응답이라 믿었다. 아마도 내가 아르헨티나 공항에 내리면 딱 이 심정일 것이다.

결정을 했다. 그동안 들어갔던 많은 돈을 포기하고 이민도 포기했다. 수십 년이 지난 지금 하느님의 응답은 옳았다. 그 이후 남편은 해외여행은 갈지언정 이민에 대한 꿈을 접었다. 내가 파라과이와 아르헨티나 여행을 갔을 때 이민을 안가기를 얼마나 잘했는지. 하느님께 감사했다.

하느님과 약속은 지켜야지

아쉽고 다급할 때 하느님께 맹세를 하거나 약속을 한다. 인간과의 약속을 어기면 미안하다고 사정을 말하고 사과 할 수는 있다. 하느님과는 함부로 약속할 일이 아니다. 더욱이나 장담할 일도 아니다. 성경에 나오는 판관 입다는 하느님께 함부로 약속한 바람에 하나뿐인 딸을 죽여야 했다.

90년도에 딸이 대학입학시험을 치렀다. 어느 부모나 다 같은 마음일 것이다. 당시도 대학입시 경쟁은 치열했다. 특별하게 공부를 잘하는 것도 아니고, 과외공부도 학원도 보내지 않은 내가 해 줄 수 있는 게 없었다.

마음이 다급하니 하느님과 흥정을 했다.

"하느님! 합격시켜 주시면 50만 원의 감사헌금을 내겠습니다."

지금이야 큰돈이 아니라고 할 수도 있지만 당시 우리 형편에는 한 달 월급이었으니 큰돈이다. 그때 심정에는 합격만 하면 정말 그렇게 해야겠다고 생각했다. 남들처럼 딸한테 돈을 많이 투자한 것도 아니니 그 정도는 해도 된다는 생각이었다.

딸의 합격통보를 받고 기쁨도 잠시 나는 속으로 계산했다. 50만 원이 갑자기 많다는 생각이 들고 부담으로 다가왔다. 그래도 하느님과의 약속이니 하긴 해야지. 20만 원만 감사헌금을 했다. "그래도 떼어 먹지는 않았잖아?" 마음이 찜찜하기는 했지만 스스로 위안했다.

어느 날 갑자기 깊숙이 넣어 두었던 목걸이가 생각났다. 나는 내 몸에 장식을 달고 다니는 걸 즐겨 하지 않는다. 천성이 그러기도 하지만 신앙생활을 하면서 더욱 그랬다. 그러기에 결혼할 때 받은 금 몇 돈의 가락지나 목걸이도 형제들이 어렵다고 찾아오면 다 주어 버렸다. 그게 미안했던지 남편이 중동에 근무하면서 아주 고급스러운 목걸이를 사 주었다. 영화에서 보면 클레오파트라가 걸고 있던 모양의 목걸이다. 친구들이 목걸이를 팔라고 했지만 그것만큼은 나도 맘에 들어 보관하고 있었다. 갑자기 그 목걸이가 차고 싶었다. 거울 앞에 서 보니 내가 부티나 보였다. 감추어졌던 교만심이랄까 자만심이랄까 내가 돋보이는 것 같다. 그 목걸이를 하니 목에 힘이 들어가는 느낌이다. 나들이를 갔다가 집에 들어와 거울 앞에 서니 목걸이가 보이지 않았다. 혹시 다른 데다 두었나? 다 찾아보아도 없다. 그 순간 내 마음 깊은 곳에서 울림이 왔다.

"그 목걸이는 하느님이 치우셨구나. 약속을 지키지 않은 값으로. 그 목걸이로 우쭐했던 내 교만을, 너하고는 어울리지 않는다는, 어려운 사람들에게 위화감을 줄 수 있다"는.

그 이후로 나는 어떤 목걸이도 걸지 않는다. 경우에 따라 격식이 필요할 때 귀금속이 아닌 액세서리로 잠깐 사용하는 정도다. 하느님은 귀도 눈도 밝은 분이다. 계산이 정확한 분이라 함부로 약속하거나 맹세할 일이 아니다.

취직도 시켜주신 분

내 나이 40이었을 때다.

성당을 신축해야 해서 신부님이 일일이 신자들과 면담해 신축금을 책정했다.

신부님은 많은 금액을 요구하셨고 신자들은 부담스럽다며 이런저런 사정을 하면서 책정 금액을 내리려 했다. 신앙심이 좋은 신자들이야 자청해서 많은 금액을 내고자 했겠지만 누구나가 돈 앞에는 약자다. 나도 면담을 했다. 내 형편에 많은 금액을 책정받았다. 그러나 하느님 성전을 짓는다는데 흥정하는 모습이 좋은 모습이 아니라는 생각이 들었다.

순명하라는 말씀을 누누이 성경에서 읽었지 않은가. 신앙심이 별로였던 나는 은근히 고민이었다. 월급쟁이 남편과 살펴야 되는 주변과 대학에 들어간 딸과 대학에 들어가야 할 아들이 있다. 하느님에게 계속 물었다.

"당신은 좋은 대답을 알고 있을 텐데요."

그러다 문득 생각이 스쳤다.

"그래! 내가 돈을 벌어 신축금을 내자."

"어떻게."

"가진 돈도 없으니 장사를 할 수도 없고. 취직을 해?"

내가 할 수 있는 일을 생각해 봤다. 1990년도에 여자들이 할 수 있는 일은 많지 않았다.

기도하고, 고민하고, 예전에 배웠던 미싱자수를 생각해 보고, 주변을 살폈다. 막연했다. 그러다 불현듯 중장비를 배워 내 사업을 해? 하는 생각이 스쳤다.

왜 그런 생뚱맞은 생각이 들었는지 모르겠다. 남편이 중동에 근무하던 때다. 남편한테 말하면 당장 날벼락이 날 게 뻔하다. 당시만 해도 여자들이 밖에 나가 돈벌이를 하면 남편의 체면을 깎아내린다는 생각을 가진 남편이 받아 줄 리 없었다.

내가 한 번도 생각해 보지 않았는데 이상할 정도로 중장비에 대한 생각이 집요해졌다. 마치 반한 사람에게 나도 모르게 끌려 들어가는 느낌이다.

학원을 알아보니 용산에 있었다. 무조건 찾아가 등록을 했다. 학원이 생긴 이래 여자는 처음이란다. 더욱이나 나이 먹은 여자는. 그들은 또라이 같은 이상한 여자로 쳐다보았다. 그들끼리 하는 얘기가 한 달 후에 시험이 있다고 한다. 곧바로 교보문고에서 문제집을 샀다. 집에서만 살림하던 나는 기계하고는 먼 생활이다. 그날부터 문제집과 씨름을 시작했다. 학원에는 내 아들 또래의 남자들, 현장에서 일하는데 면허증이 없어 학원에 나오는 젊은이들뿐이다. 그들과 강의도 같이 듣고 기계에 대한 실습도 했지만 잘 알아듣기 어려웠다. 문제집을 계속 풀면서 시험 날이 다가왔다. 필기시험에 굴삭기와 지게차를 접수했다. 중장비 원리가 비슷하고 기왕이면 두 개를 하면 좋을 것 같았다. 솔직히 지게차에 대한 것은 잘 보지도 못했고 관심이 없었는데 동생이 한 말이 생각났다.

"누나는 지게차를 하는 게 어울릴 것 같아. 그건 일정한 장소에서 할 수 있고 굴삭기는 떠돌아 다녀야 하니 가정생활이 어려워."

다행히 필기시험에 두 과목이 합격했다. 20명의 남자들 중에 두 명만 합격했다. 한 달 만이다. 4개월의 학원 비를 주었지만 이론은 그만 하고 실기연습을 했다.

운전도 해보지 않은 내가 지게차 운전을 연습하는 게 쉽지 않았다. 360도 회전을 하고 짐을 들고 뒤로 가야 하는 게 쉽지 않았다. 들고 내리는 레버가 여러 개라서 조작도 쉽지 않았다. 실기 실습에도 여자는 나 혼자다. 실수투성이다. 일단은 지게차 면허증을 먼저 따고 굴삭기를 하기로 했다. 첫 번은 어차피 경험삼아 해 보는 걸로 했지만 학원에서 하는 실습이 끝나면 내가 돈을 내야 한다. 부담이 크다. 간절히 기도했다.

"주님, 당신의 뜻이라면 도와주세요. 당신이 알다시피 내 능력으로는 합격이 어려워요."

시험장에는 수백 명의 남자들이 원숭이 구경하듯 호기심 가득한 눈으로 나를 지키고 있다. 내 차례가 되었다. 떠들고 웅성거리던 남자들이 일제히 조용하다. 모두 다 내게 집중하고 있다. 저 여자가 과연 어떻게 하나?

"주님, 함께 해 주세요. 당신께 맡깁니다."

운전을 하는 동안 나는 느꼈다. 이건 내가 하는 게 아니라 하느님이 운전대를 맡고 있구나. 이건 분명 내 능력이 아니야. 그동안 두근거리던 숨결이 차분해지고 침착해졌다. 나는 레버에 손을 대고 있고 누군가가 손수 운전을 한다는 느낌. 연습할 때 좌충우돌하던 내가 아니었다. 너무 정확하게 모든 코스를 다 마치고 내려왔을 때, 내게 집중하고 있던 남자들이 일제히 박수를 쳤다. 만점인 것이다. 나도 내가 놀랐다.

"주님, 감사합니다."

가슴에서 뜨거운 뭔가가 내 몸에 퍼졌다.

실기시험에 합격한 사람은 3차 면접시험을 본다. 면접관이 물었다. 조금은 비웃음과 어이없음의 냉소적인 표정이다.

"아주머니! 면허증 받으면 누가 써 준데요?"

당시만 해도 사업체에 여자 중장비기사가 없었다.

"그건 모르지요. 저는 면허증을 따고 싶어요."

기계에 대해 이것저것 물었다. 그래도 3차까지 합격해 면허증을 받았다. 무언가 도전해서 해냈다는 기쁨. 면허증을 받고 돌아오는 길에 용산에 있는 직업소개소에 가서 용감하게 취업신청서를 썼다. 신청비가 5만 원이다. 당시에는 적은 돈이 아니었다. 일주일이 되었을 때 연락이 왔다. 찾아가 보라는 회사는 당시에 신도림에 있는 한국타이어 영등포 공장이다.

한국타이어는 지게차 기사가 없어 물류창고가 마비상태다. 다른 데에 비해 일은 많고 월급이 적으니 11명 기사가 일해야 하는 현장에 5명이 남은 것이다. 채용을 해도 일이 너무 힘들어 이틀 일하고 도망가고, 한 달 월급 받고 안 나오고, 난리가 난 것이다. 타이어를 실어주고 물건을 나르고 내리는 일은 지게차로 해야 하는데 밤샘을 해도 진척이 안 되었다.

인사과에서 과감하게 대안을 내린 것이다. 여자라면 쉽게 나가지 않을 것 아닌가? 그 대안에 내가 걸린 것이다. 여기사가 없던 때다. 전혀 경험이 없는 나는 한 달 동안은 좌충우돌 사고를 내기도 했다.

남자들도 힘들어 도망가는데 저 여자가 얼마나 버틸까? 자기들끼리 내기를 했다고 한다. 바쁜데 일을 못 추리니 놀부 반장은 나를 따라다니며 스트레스를 주었다. 내가 포기하고 빨리 그만두기를 바라서다. 내가 없으면 다른 사람을 뽑아 쓸 터인데 일도 못하는데 열심히 나오는 내가 미웠을 것이다.

그렇게 한 달이 지나자 일이 익숙해졌다. 그들은 이제 내가 그만 둘까봐 걱정하는 눈치다. I.M.F가 터지던 다음 해에 회사를 그만두어야 했다. 구조조정에 나이가 많은 내가 떠났다. 하느님과 약속대로 첫 월급부터 나는 성당신축 금으로 보냈다. 당시는 아들 교육 문제로 부천을 떠나 서울에서 살았지만 하느님과의 약속은 지켜야 해서다. 하느님은 계산이 정확한 분이다.

하느님 일을 우선으로 하겠다는 일에는 응답을 주시는 이기주의 하느님이다.

치료자인 하느님

오웅진 신부님이 한창 활동하던 시기다.

오 신부님이 가시는 곳마다 신자들이 모여들어 만원을 이루던 시절 용인에 오신다고 해 성당에서 차를 대절해 갔다. 나는 무릎이 엄청 아팠다. 병원에 갈까 용인에 있는 수도원에 갈까 갈등했다. 한참을 고민하다 병원은 언제고 그 자리에 있으니 수도원 피정에 다녀오기로 했다. 그러나 무릎이 심하게 아파 와 병원에 먼저 갔어야 하는 게 아닌가 하는 약간의 후회도 되었다.

엄청 많은 사람들이 강당에 꽉 찼다. 다닥다닥 붙어 앉아 화장실도 못 갈 정도다. 열변을 토하는 신부님의 말씀에 모두들 열광하며 제정신이 아닌 듯했다. 피정이 끝날 무렵 신부님이 치유기도를 하셨다. 강당은 뜨거운 열기로 가득했다. 나는 우선 다리가 아프니 내 무릎에 손을 얹고 신부님의 치유 기도가 내게 이르게 해 달라고 기도했다. 무릎이 화끈거리고 더 아파왔다. 병원에 먼저 갈 걸. 한쪽으로는 갈등을 하면서 그래도 신부님의 열정적인 목소리에 "주님 낫게 해 주세요" 하고 기도를 했다. 신부님의 단체 안수기도가 끝나고 모든 일정이 끝났다. 집으로 오는 버스를 타는 동안에도 무릎은 화끈거리고 열이 났다. 문제가 있는 것 같다는 생각이 들어 내내 무릎을 감싸고 있었다. 그리고는 잊었다. 차에서 같이 간 신자들과 떠들고 오는 동안 무릎에 대한 생각도 잊었다. 두 시간이 넘어 도착한 집에 내리면서 아픈 게 없어졌다는 생각이 들었다. 그렇게 아프던 것이 언제 그랬느냐고 하듯 내 기억을 더듬게 했다. 그 이후 나는 무릎 때문에 병원에 간 일이 없다.

　이런 경험이 몇 번인가 더 있었다. 보스니아에 있는 메주고리 성모 발현지에 갔을 때 일이다. 그곳에 동으로 만든 삐쩍 마른 예수님상이 있다. 두 손을 하늘로 치켜들고 있는 예수상은 엄청 컸다. 우리가 손으로 닿을 수 있는 건 다리까지였다. 다리에 이슬처럼 물방울이 조금씩 흐른다. 왜 흐르는지는 모른다. 약간의 금이 간 곳에서 물기가 새어 나온다. 속은 비어있다. 동상은 청동색인데 사람들이 하도 그곳을 닦아 그 부위만 구리색으로 반짝인다. 그 물을 받아 바르면 치유된다는 속설이 있어 사람들이 줄을 서 수건이나 휴지로 그 물을 닦아 간다. 나는 그냥 손가락으로 그 물기를 찍어 발목에 발랐다. 오랫동안 걸어서인지 발목이 아파 걷기가 불편했다. 꼭 믿은 것은 아니지만 여기까지 왔으니 그냥 보고만 가기도 그랬다. 아픈 발목이 아프지 않았다.
　정말 치유를 받은 것인가? 심리적인 안정인가? 스스로에게 의심을 해 보기도 했다. 생활에서 많은 경험을 했으면서도 치유하시는 하느님의 능력을 의심하고 믿지 못하는 나를 본다. 믿기는 의심하기보다 수십 배 어렵다.
　애들을 키울 때 한밤 중에 열이 나고 아플 때 가슴에 안고 기도했던 일이 한두 번인가?

그때마다 무사히 밤을 보냈던 일이 어디 한 두 번이던가?

그러면서도 아무 일이 아닌 듯이 보냈던 것이다.

몸만 치유 받은 건 아니다. 찢겨진 마음, 억울하고 분한 마음, 누명쓰고 오해받고 분노 했을 때, 사랑하는 가까운 사람들을 떠나보내고 주저앉고 싶을 때, 내 안에서 부드럽게 안아주며 치유해 준 일들을 일상에서는 잊고 살았다.

얼마나 염치없는 나였던가.

지금도.

잡신들에 거부당하다

1995년도였다. 남편과 친정에 다녀오면서 계룡산에서 텐트치고 하룻밤 지내기로 했다. 해질 무렵이라 그곳에서 텐트 칠 자리를 물색했다. 휴가 중이어서 몸과 마음이 자유로웠다.

계룡산은 영이 깃든 산이라고 해 호기심도 갔다. 계룡산 입구에서부터 텐트가 만원이다. 절에까지는 한참을 걸어야 했다. 난감해하고 있던 차에 남자분과 대화가 오갔다. 이곳은 텐트 칠 자리가 없으니 금강을 따라 계룡산 뒤쪽으로 가면 신원사 절이 나온다고 한다. 자기는 그 근처에 살고 자기 이름을 대면 자릿세를 받지 않을 것이니 그곳으로 가라는 것이다. 신원사라는 절도 유명한 절이라 우리는 그곳으로 향했다. 금강을 끼고 농로 길로 갔다. 어두워지고 있었다. 처음 길에 텐트를 치려면 서둘러야 했다.

신원사로 가는 입구는 들판이다. 들판에 들어서자 내 가슴이 콩닥콩닥 뛰었다. 느낌이 이상하다. 머리가 쭈뼛쭈뼛 곤두선다.

"내가 조금 이상해."

"뭐가?"

"나를 밀어내는 느낌이야. 가슴과 머리가 이상해."

남편은 내 말을 무시하고 어두워지니 빨리 가야 한다며 속력을 낸다. 안으로 갈수록 숨이 막히고 어떤 힘이 나를 밀치는 듯하다. 머리가 화끈거리고 온몸이 찬기가 서린다. 감전된 것처럼 찌릿거린다.

주변에는 군데군데 모아놓고 불을 태운 흔적이 있다. 안으로 갈수록 더 많아 보인다.

정신이 몽롱해진다.

"당신 괜찮아?"

그제서야 남편도 이상한 기운을 느꼈는지 차를 멈췄다.

"나도 이상해."

"이 땅이 우리를 거부하는 것 같아. 차를 빨리 돌려."

어두워지는데 길도 아닌 길로 정신없이 달렸다.

산기슭을 빠져 나온 후에야 조금씩 안정이 되어갔다.

악당에게 붙들려 빠져나온 사람처럼 우리는 숨을 크게 쉬었다.

"오늘 그곳에서 잤으면 우리는 일어나지 못했을 것 같아."

공주 곰나루 터에서 텐트를 쳤다. 악몽에서 시달리다 깬 것 같다.

나중에 알고 보니 신원사는 무당들이 신 내림을 받는 곳이라 한다.

하느님을 믿는 우리가 들어가니 잡신들이 우리를 거부한 것인가 보다.

그 이후 성당 봉사자들이 수녀님과 함께 계룡산 등산을 갔다.

그때의 기억이 떠올라 이번에는 어떨까 무슨 일이 있을까 기대했다. 그러나 아무런 일이 없었다.

많은 절을 다녔지만 그런 느낌은 처음이었다.

부처님이나 하느님이나 사랑을 가진 신은 서로 배척하지 않는다는 것을 알았다.

★ 이분일까 저분일까

아닌 것 같은데 혹시나 하며

해매고 방황하다 드디어 찾았어요.

늦었지만 이제라도 찾은 게 다행이지요 ★

2장

일하며 기도하라
(베네딕도 수도원)

일하며 기도하라

공지영 작가의 『높고 푸른 사다리』 소설을 읽고 난 후 왜관 베네딕도 수도원에 가보고 싶었다. 주보에 연말 해넘이 피정이 있다고 해 친구와 신청을 했다. 칠곡에 있는 왜관 수도원은 기차에서 내려 주변을 흩어보는 중에 저기구나 했다. 언덕 위에 붉은 벽돌집이 누가 봐도 예사스럽지 않다. 한해를 정리하고 새로운 해를 잘 준비하고 싶다는 마음이긴 하지만 꼭 한번은 오고 싶던 곳이다.

우리나라에 들어온 지 100년의 역사를 가진 수도원은, 기본정신이 '일하며 기도하라'이다. 설립자의 뜻에 따라 수도원마다 하는 일이 다르고 지향하는 게 다르다. 우리가 머물고 교육받는 피정의 집과 수도원과 성당은 떨어져 있어 하루에도 다섯 번을 왔다 갔다 해야 하는 게 여간 번거로운 일이 아니다.

여자 수도원은 가본 적이 있지만 남자들만이 있는 수도원은 처

내가 만난 하느님

음이라 호기심이 많다. 베네딕도 수도원은 한국이름으로는 분도 수도원이다. 수녀님들이 하는 분도 수녀원도 있다. 여기는 각 지역에 분포되어 있는 지부의 총본부다.

아침, 점심, 저녁, 끝 기도, 미사에 꼬박꼬박 참여해 같이 기도한다. 까만 드레스 같은 수단을 입은 수사님들과 수사 신부님들 50여 명이 두 줄로 입장한다. 제대에 깊이 고개 숙여 예를 표하고 양쪽으로 나눠 자리에 앉는다. 짜여진 그날 기도문을 노래로 한다. 시편과 찬미가와 복음을 읽는다. 높은 벽 한 면을 다 차지하고 있는 파이프오르간의 웅장한 음향이 정제되어 있는 수사님들의 고운 음성과 어우러져 신비감을 준다. 돌아가면서 주송을 하고 선창을 한다. 걸걸한 남자들의 목소리가 그렇게 아름다운 소리가 나온다는 게 신기하다. 기도 시간은 40분에서 1시간이다. 이런 기도를 하루에 네 번을 해야 한다.

조용한 곳에서 정화하기 - 피정

수도자들이 놀면서 기도만 하는 게 아니다. 수도회의 정신처럼 일을 해야 한다. 각자는 자기가 맡은 일을 한다. 일하다 기도 시간 종이 울리면 옷을 갈아입고 기도하고 다시 하던 일을 한다. 언제나 똑같은 모습으로 입장하고 또 자연스럽게 두 줄로 퇴장한다. 보는 우리는 질서 정연하다고 보지만 그분들은 일상이다. 결혼을 하지 않고 공동체 생활을 하는 수도자들은 나름의 규칙과 원칙이 있다. 그 안에서의 생활이 행복하고 보람을 느끼고 기쁘니까 평생을 그렇게 살겠지만, 테두리 안에서 벗어날 수 없는 공동체 생활이 답답할 것 같기도 하다. 그러나 수사님들의 표정은 아기처럼 해맑다.

전국에서 모인 피정자들은 부부, 가족, 모자지간도 있다. 그러나 어디에도 그렇듯 나이 든 여자들이 많다. 아마 천국에도 남자보다는 여자를 판일 것이다.

그야말로 일 년 치 기도를 한꺼번에 다 한다는 느낌이다.

천주교회에서 자주 쓰이는 피정이라는 말은, 시끄러운 세상을 피해 조용하게 마음을 정화하고 가다듬는 시간을 가지는 것을 말한다. 신앙의 영양 보충인 셈이다. 하느님과 우리의 관계. 나와 이웃과의 관계에서의 하느님의 모습 찾기. 한해를 정리하면서 우리의 삶이 어때야 하는지에 대한 수사 신부님의 말씀이 있었지만, 기억에 각인 되는 것은 수도자들의 기도 하는 모습이다.

한 나무에 두 기둥

천주교 교계제도는 한 나무에 두 기둥의 가지로 이루어졌다. 교회와 수도원이다. 하느님을 믿는 같은 뿌리지만 역할이 다르다. 교황제도를 가진 군주주의다. 추기경과 주교는 선출이 아니고 임명을 받는다. 경기도 도지사가 강원도의 살림을 터치하지 않는 것처럼 주교관할의 교구는 다른 주교가 터치하지 않는다. 그러나 나라 전체는 대통령의 책임하에 다스려지는 것과 같은 이치다. 그러나 수도원은 조금씩 다르다. 베네딕도 회칙에 의해 베네딕도 수장은 수사님들의 투표로 선출된다. 이번 5대 수도원장으로 선출된 박현동 아빠스는 1970년생으로 젊고 잘생겼다. 한

번 선출된 아빠스는 종신직이다. 아빠스라고 부르는 것은 라틴어의 아버지, 영적 스승, 원로라는 뜻이라고 한다. 일반 교계에서의 주교 급이지만 일반에게 낯선 것은, 잘 접하지 않기 때문이다. 모든 수도회가 대부분 겉으로 드러나 있지 않아서다.

똑같은 옷을 입고 똑같은 모습으로 기도하지만 미사 시간에는 수사 신부님은 수단을 입고 제대에서 미사를 드린다. 수사님들 중에 서품을 받은 분은 수사 신부님이라고 한다. 그러나 신부이기 전에 수도자이기에 수도자로서의 임무에 우선적으로 충실해야 한다. 그래서인지 미사시간 이외는 누가 신부인지 구분이 없다. 구성원은 모두 120명 정도인데 전국 각 분원에 나가 일하는 분, 하는 일에 따라 여기에는 70명 정도가 계신다. 연세가 많아 거동이 힘드신 분도 있고, 세속적인 눈으로는 너무 아까울 정도로 젊고 잘생긴, 거기다 학력도 빵빵하고 박사학위도 가진 분들도 많다. 흑인도 있고 백인도 있다. 하느님이 오직 알아서 좋은 인재들을 뽑으셨을까 하는 생각도 들지만, 엄마 된 입장에서는 솔직히 아깝다는 생각이 드는 건 왜일까? 한 자매가 귀띔을 했다. 저 수사님은 서울대학을 나와 포항제철에 근무하다 수도원에 들어온 분이고, 또 다른 분은 교직에 있다 오신 분이라고.

자급자족이 원칙 - 수도원 규칙

수도원은 넓었다. 북한 덕원에 있던 수도원이 공산당의 박해로 이쪽으로 이전 할 당시는 이곳은 언덕과 산이었다. 별 쓸모가 없었던 땅이었으리라. 주변에 수도회에서 교육 사업으로 운영하는 순심중고등학교가 있다. 넓은 대지에는 각각의 사업체가 있다.

수도회 정신은 모든 걸 자급자족한다는 취지다. 그래서인지 수도원 안에 자동차정비소, 목공소, 출판인쇄소, 세탁소, 금속공예제작소, 스테인글라스제작소, 옷 만드는 재봉소, 농장, 양초공예소 등등, 모든 것을 수사님들이 직접 운영하고 일을 한다. 농사도 직접 지어 식탁에 오른다고 한다. 이 모든 것은 여기서 사용하기도 하고 각 성당에 주문을 받아 팔기도 해 수도회 운영에 쓴다. 처음에 전혀 알지 못하고 일하다 수십 년이 되고 보니 그 계통에 달인이 된 수사님들도 많다고 한다. 이익을 남기려 하는 것들이 아니라서인지 이곳에서 만든 의자나 가구들은 수백 년이 지나도 변함이 없을 것처럼 무겁고 튼튼하다. 모든 게 친환경이라 물건이 비쌀 것 같다. 작업복을 입고 일하는 모습에는 일반사람과 똑같다. 옷이라는 게 사람의 위치를 달라 보이게 하는 마술이 있다. 성당에 걸려 있는 십자가의 모습도 다르다. 평화의 십자가다. 양팔을 벌리고 있는 예수님과 4복음서의 상징이 같이 있다.

구상 시인과 이중섭 화가

수도원에서 조금만 내려가면 6.25때 치열한 전투를 벌였던 낙동강이다. 그 근처에 구상 시인의 기념관과 시비가 있다. 우리나라에서 유일하게 해마다 노벨문학상 후보에 거론되었던 분이다. 구상 시인의 밑바탕에 흐르는 정신세계는 신앙의 영향을 많이 받았음을 느낀다. 구상 시인은 서울에서 태어나 수도원 건축 일을 했던 아버지를 따라 함흥 덕원에 갔다. 구상 시인과 형은 베네딕도 수도원에 입회하여 형은 신부가 되었고 자유 분망한 시인은 수도원을 나왔다. 신부가 된 형은 북한에서 순교했다. 남한으로 피신해온 시인은 베네딕도회가 있는 왜관에 자리 잡고 20년을 살았다. 고질병인 폐병을 앓고 있어 의사인 아내의 도움으로 살아가면서 박정희, 중강 스님, 이중섭 등 많은 사람과 교류했다고 한다. 오갈 데 없는 이중섭과 같이 지내기도 했는데 그 고마움으로 가족이라는 그림을 그려 주었다 한다. 그 그림을 1억 원에 팔아 수도회에 기증하고, 다른 그림은 고아원 설립에 기증했다고 한다. 구상 시인의 본명이 상준임을 처음 알았다.

빅토리아 호의 기적

피정 마지막 날에는 아빠스와의 만남이 있었다. 수도원장이라고 하면 연세도 좀 있고 근엄하고 권위적일 것 같은 내 예상과는 달리, 젊고 잘생기고 멋진 분이다. 그분은 베네딕도회가 하는 일과 하느님이 함께하신 일들을 소개 했다. 문재인 대통령이 미국을 처음 방문했을 때 첫 방문지가 정진호 전투 기념비다.

함흥까지 진격해 통일을 눈앞에 둔 시점에 인해전술로 중공군이 밀려 들어왔다. 미군은 완전 포위상태일 때 정진호에서 사투를 벌였다. 미국에 치욕적인 패배의 기록이다. 미군이 많은 희생을 치루며 시간을 벌어준 덕에 남은 군인들과 피난민들이 탈출할 수 있었다. 그 마지막 배에 문 대통령의 부모와 누나가 타고 있었다. 피난 온 2년 후에 문대통령이 태어난 것이다. 이에 감사를 표하기 위해 제일먼저 전투 기념비에 헌화를 한 것이다. 여기에 아빠스도 동행했다. 동행한 사연이 감동적이다.

많이 알려진 일화이지만 다시 소개해 본다. 마지막 피난민을 실은 배는 군용함선이 아니고 상선이다. 일본 근해를 지나던 빅토리아호는 철수하는 미군 배에 기름을 실어다 주라는 명령을 받는다. 8천 톤급 배는 기름을 가득 싣고 함흥으로 간다. 피난민들은 미군 함선을 타고 떠났는데 아직 남아있는 피난민은 강추위에도 그대로 서 있다. 완전히 철수한 미군은 더 이상 피난민을 태우지 말라고 명령한다. 적이 포화를 쏘고 있어 위험해서다. 그러나 래너두 라루 함장은 배에 있는 모든 물자를 바다에 버리고 모든 피난민을 태우라고 명령한다. 1만 4천명. 그 많은 숫자가 어떻게 다 탔는지 기적이라고 한다. 며칠을 지나 거제도에 하선했을 때는 그 안에서 5명의 생명이 태어났고, 먹지도 마시지도 못했는데도 한 명도 죽거나 다친 사람이 없었다고 한다. 선장도 이게 기적이고 감동이었다고 한다.

미국 당국은 선장을 명령 불복종으로 해고시켰다. 천주교 신자였던 그는 이 일이 있고 나서 수도원에 입회해 수사가 되었다. 그 수도원에 입회자가 없어 문을 닫아야 할 위기에 놓여 있었다.

왜관 베네딕도 수도원이 미국에 있는 그 수도원을 인수하기로 계약을 하고 난 다음 날 그분은 47년의 수도생활을 끝내고 평화롭게 잠들었다고 한다.

이런 인연으로 미국에 있는 마지막 수도원 아빠스와 새로 인수한 박동현 아빠스가 문 대통령 미국행에 같이 동행하게 되었다는 것이다.

하느님이 하시는 일은 인간의 계산과는 다르다.

3장

우리의 토종 수도원
(한국순교복자성지수도원 – 면형의 집)

현대사의 비극 - 4.3 평화공원

제주도 면형의 집에 피정을 신청한 건 수도자들이 지도하는 피정(避靜, 조용한 곳에서 일정 기간의 수련생활)에 참석하고 싶어서다. 이번 일정은 눈 쌓인 한라산을 등반하는 게 포함되었다. 꼭 하고 싶었던 버킷리스트였다.

제주공항에서 일행을 기다리는 분은 가이드인 줄 알았다. 사복 차림이라서 몰라봤다. 알고 보니 수사 신부님이다. 일행 중에는 나처럼 혼자 온 사람도 있고, 부부나 모임에서 친구끼리 온 사람도 있다. 차 안에서 주머니를 돌렸다. 말씀 뽑기다.

예수님께서 그들에게, "너희는 따로 외딴곳으로 가서 좀 쉬어라" 하고 말씀하셨다. (마르 6,31)

영혼이 쉬러 온 것이다. 아니 충전하러 온 것이다.
곶자왈을 걸었다. 비가 온 후라서 겨울인데도 이끼가 파랗게

내가 만난 하느님

돈았다. 이끼가 겨울의 냉랭함을 덮어주었다.

　4.3 평화공원에 들렀다. 제주의 뿌리 깊은 상처. 아직도 치유되지 않아 신음하고 있는 제주. 평화공원이라는 이름의 4.3 역사박물관이다.

시민의식이 높은 제주도민

　어렴풋이 알고 있었다. 해방 이후 혼란기에 군관이 제주도민을 학살한 사건이라는 것 정도로. 제주는 조선시대의 유배지다. 그러다 보니 다른 지역보다 의식 수준이 높았을 것이다. 해방이 되어 모두가 내 나라를 찾았다는 기쁨을 느끼기도 전에 일본 국기가 내리면서 미국 국기가 올라갔다. 도민들은 다시 미국의 지배하에 놓이게 되는 것을 걱정해 미군의 편에 들지 않았다. 미군정에서 해방으로 궁지에 몰린 친일파를 기용한다. 조선 실정을 모르기 때문이다. 경찰과 주요 요직을 친일파들이 맡으면서 미군에 충성한다. 그들은 애국지사들을 고문하고 자기들의 과거를 덮으려 더욱 악질적으로 주민을 탄압한다.

　이에 도민들이 분노하고 저항하게 된다. 이런 불안과 혼란기에 남로당이 개입한다. 우익청년단체와 경찰이 공산당원들과 싸우게 된다. 자기들의 뜻대로 따라주지 않은 제주도민을 빨갱이 섬으로 단정해 버린 미군의 오만. 이승만 정권은 정통성을 강화하기 위해 제주도를 빨갱이 소탕 작전으로 제주도민을 말살하게 한다. 빨갱이를 잡는다는 목적이었으면 그 당사자만 소탕해야 하는데 젖먹이 아이부터 임산부, 할아버지, 할머니까지 그렇게 죽여야 했던가. 그게 대통령으로서 국민들한테 내려야 할 명령이었던가. 한국판 킬링필드다. 굴속으로 숨어 들어간 민간인들이 나오지 못하게 입구에 불을 지펴 질식사하게 했다는 만행은 과연 인간으로 할 짓인가. 독일군이 유태인들을 잔인하게 학살했다고 나치를 욕한다. 우리 역사는 떳떳했는가? 거대한 감옥이자 학살터였다. 제주도민은 연좌제에 걸려 변변한 큰 인물이 없다고 한다. 빨갱이라는 색깔을 희석시키려 6.25때 해녀들이 여자 최초로 해병대에 자원입대했다.

평화공원에 평화가 오기를

70년이 넘은 지금도 4.3 사건은 이름이 붙여지지 않아 기념비가 누워있다. 그동안 진실규명을 요청했지만 제대로 이루어지지 않은 건 미군과 우리 군이 저지른 학살이기 때문이리라. 군이 권력을 잡고 있었으니 자기들의 치부를 공식화 할 수 없었을 것이다. 또한 당시의 실세들이 지금까지 권력 안에 잔재해 있어서 일 것이다. 일제를 청산하지 못해 지금까지 역사에 오점이 되어 대한민국을 시끄럽게 하듯이 당시에 4.3 사건도 그러했다. 당시에 시시비비를 정확하게 가리어 처벌할 것은 처벌하고, 용서할 것은 용서하고, 용서를 빌 것은 빌었어야 했다. 그래서 화해의 장을 이루었다면 우리 사회는 더 성숙했을 것이다. 아직도 그 진상을 밝히기 꺼려하는 기득권층으로 피해자들은 아파하고 있다. 가해자들은 입 다물고 있는데 역대 대통령 중에 노무현 대통령이 공식 사과를 했다. 2005년 세계평화의 섬으로 지정되었지만 피해자들의 가족들에게 진정한 평화가 오지는 않은 것 같다.

공식 3만 명, 비공식 8만 명이 희생되었다니 가슴 아프다. 산으로 피신한 사람들을 소탕하기 위해 불을 질러 제주도 전체가 불바다였다니 상상만으로도 소름이 돋는다.

제주도민의 10분의 1이 내 나라 군인에 의해 사살되었다니. 더욱이나 나라를 지키기 위해 군에 간 자식형제들이 살인자가 되어 부모형제에게 총을 겨누어야 했던 비극을 누가 저지른 것인가? 그들은 나라를 위한 일이었다고 지금도 확신하고 있을 것이다.

눈밭에 20대의 어머니가 돌쯤 되어 보이는 아이를 품에 꼭 안고 있다.

청동으로 만든 조각 작품이다. 주변에는 자장가 음악이 흐른다. 엄마가 등에 총을 맞고 죽어가면서 죽어있는 아이를 놓지 않으려고 엎드려 있다. 눈밭에서 얼어 죽은 시체로 발견되었다.

두 번 다시 이 땅에서 이런 비극이 일어나지 말아야 한다. 이 공원이 많은 원한과 비극을 품고 있지만, 평화의 공원으로 이름 지은 것처럼 평화가 오기를 바란다.

평화는 정의의 열매라는 것도 알아야 한다. 전쟁이 없는 게 평화가 아니라, 이 땅에 정의가 실현되어야 진정한 평화가 이룩되는 것임을 위정자들이 잘 인식했으면 한다.

이곳에 오기 전에 말씀 뽑기에 적힌 구절이다.

하느님께서는 당신의 모습으로 사람을 창조하셨다. 손수 만드신 것을 보시니 참 좋았다. (창세 1,27)

나는 참 좋았다는 세상을 만드는 데 얼마나 노력했나 반성해
본다.

한국에서 설립한 수도원 - 면형의 집

새 섬 새 연교에서 배가 떠 있는 바다를 본다. 이국적이다. 곳
곳에 피어있는 동백이 수줍게 웃는다. 연결되어 있는 산을 한 바
퀴 돌면서 그곳에서 보는 눈 쌓인 한라산의 전경도 멋있다.

면형의 집에 들어와 방 배정을 받았다. 나는 혼자라서 독실이다.

한국순교복자성직수도회 제주 면형의 집. 이름이 복잡하고
길다.

1953년에 창설된 한국 최초로 자생한 남자수도회다. 정결, 청
빈, 순명을 따르는 생활 속에서 순교자들이 보여준 방법으로 예
수그리스도를 따라 살고자 하는 지향을 둔 수도회다. 자아와 이
웃의 성화에 노력해 하느님 사업에 함께 한다는 의미를 내포하고
있다. 우리나라에 있는 대부분의 수도원은 외국, 특히 이태리나
독일에서 창설되어 들어온 게 많다. 그러나 면형의 집은 본 고장
이 우리나라다. 방유룡 신부님에 의해 정식 인준 받아 설립된 수
도원은 여러 곳에 분원을 가지고 있다. 수녀원도 있다. 전철을 타
고 가다보면 용산역 근처에 순교자 기념성당이 있다. 이 수도회
에서 주도한 사업이다.

수도회는 창설자의 설립목적과 지향에 따라 성격이 다르다. 그
러나 가톨릭 안에서의 복음적 삶과 수도자로써의 생활 규칙은 거
의 비슷하다. 면형(麵形)의 뜻은 밀가루의 형태, 즉 천주교에서의

내가 만난 하느님

의미 풀이로는 예수님의 몸과 피. 성체를 뜻한다.

　제주 분원에는 3명의 수사신부와 수도회 원장수사님과 특수 사목을 맡고 있다는 수사님. 모두 다섯 분이다. 수도원은 마당과 정원이 이국적이면서도 아기자기하고 깨끗하다. 220년이 된 보호수는 여기가 제주도라서 그렇게 클 수 있었나보다. 자태가 우아하고 아름답다.

어린애처럼 되어야

　저녁을 먹고 참석자들이 모여 수사신부님의 주도하에 레크리에이션을 즐겼다. 검정 수도복을 입고 춤을 추는 모습이 왕년에 춤꾼이었나 싶다. 하기야 이들도 수도복을 벗으면 우리와 같은 사람일 것이다. 우리와 다른 수도복이 우리와의 세계를 분리한다. 젊은 사람과 어르신들과 어린애처럼 즐겼다. 노래하며 춤추다 짝짓기도 하고, 가위바위보로 편을 가르기도 하고, 동물 흉내를 내기도 하면서 정신없이 웃었다. 처음 보는 25명이 놀이에 몰입해 모두 어린애가 되었다. 이 게임과 놀이의 주요 의미는 어린이와 같지 않으면 천국에 갈 수 없다는 것을 설명하고 느끼게 하기 위함이다.

　과거는 주님의 자비에 맡기고, 미래는 주님의 섭리에 맡기고, 현재는 주님의 사랑에 맡기라고 한다. 지금 현재의 삶을 살아야 한다. 내일 걱정 때문에 오늘을 기쁘게 살지 못하는 것은 주님과 함께하지 못하는 삶이라는 것이다.

　성당에 모여 수도자들과 함께하는 저녁기도로 하루를 마무리

했다.

한라산에서 동화나라를 보다

아침미사와 아침기도는 수사님들과 같이 하고 김밥과 약간의 간식과 컵라면을 준비해 주어 한라산 등반길에 나섰다. 그동안 눈이 오지 않았다가 며칠 전에 내린 눈이 엄청 아름답다고 했다. 제주도로 내려와 살고 있는 사진작가 말이다.

1,700m 윗세오름까지다. 왕복 6시간을 걸어야 한다. 일행 중에 반은 포기하고 내려갔다. 내 나이가 제일 많다. 평소에 산행도 해 보지 않은 내가 지금 올라가 보지 않으면 더 기회가 없을 것 같다. 두고두고 후회하느니 포기하지 않으면 늦더라도 도착하겠지. 숨이 턱까지 찬다. 몸이 지치니 다리가 저항한다. 마음도 반기를 든다. 꼭 올라가야 할 이유가 무언가. 나와 계속되는 싸움. 갈등. 포기하고 싶은 유혹이 내 안에 파고든다. 스틱도 고장이 나 도움이 안 된다. 산에 버릴 수도 없어 계속 들고 다녀야 해 짐스럽다. 나무 가지가지마다 쌓인 눈꽃이 동화나라다. 이 관경을 보고 싶었다. 사진에 담고, 눈에 담고, 가슴에 담았다. 포기하지 않기를 참 잘했다. 이지선 파이팅! 내가 나를 응원했다. 그 무엇과도 바꾸고 싶지 않은 이 순간. 무아에 빠진다. 자연을 창조한 하느님께 찬미의 노래가 저절로 나온다.

혼자 오르기도 힘겨운데 30대로 보이는 여자가 무거운 카메라와 배낭을 메고 세 살 된 아들과 산에 오른다. 몇 발자국 걷다가 "안아줘" 하면 안고 계단을 오른다.

"잘 걷네. 우리 다시 한 번 해보자" 미끄러운 눈길이다. 엄마와 같이 걷는 아기는 놀이를 하는 것 같다. 나는 아기 손을 잡고 파이팅! 하면서 조금은 같이 걸어 주었지만 이내 힘들었다. 건장한 남자가 몇 번인가 아기를 안고 올랐다. 아기는 엄마보고 안아 달라 칭얼댄다. 사탕을 꺼내주며 같이 쉬었다. 가장 어려운 고비다. 조금만 더 올라가면 평지다. 중간에 포기하고 내려가는 사람도 있다. 여기까지 왔는데. 왔던 길이 아까워 걸었다. 아기엄마도 포기하지 않았으면 했다.

예수님께서 가까이 가시어 그들과 함께 걸으셨다. (루카 24,15)

참고 견디길 잘했다. 내가 보고 싶던 환상적인 장면이다. 혼자서 걸었다. 이 순간 사람과 말하기에는 너무 아까운 광경이다.

윗세오름(1,700m) 대피소가 최종 목적지다. 더 이상은 출입금지다. 경계선으로 꽂아있는 빨간 깃대 위에 검은 까마귀. 하얀 배경에 한 폭의 그림이다. 내가 제일 꼴찌다. 김밥과 설익은 컵라면을 먹고 다시 내려온다. 내려올 때는 한결 수월했다. 그동안의 내 삶도 그랬던 것 같다. 몇 번인가 포기하고 싶었던 고비들이 한두 번이었던가? 이제와 나를 다독이며 '이지선 잘 참았어. 대단해.' 거울을 보며 내가 나를 안아주며 웃을 수 있는 건 포기하지 않았기 때문일 것이다. 수사신부님이 내 뒤를 따라오면서 대단하다는 칭찬을 해 주어 발걸음이 가벼웠다.

꼴찌로 내려 왔더라도 끝까지 완주한 나는 승리자다.

이 자신감으로 몇 년은 더 버틸 힘을 낼 수 있을 것 같다.

평화는 정의의 결실이다

나는 너희에게 평화를 남기고 간다. 내 평화를 너희에게 준다.
내가 주는 평화는 세상이 주는 평화와 같지 않다. (요한 14,27)

강정생명평화 천막미사를 한다. 강정마을 길가에 누더기천막
이다. 멀리서 보면 고물상 같다. 주변에는 강정마을이 간절히 원
했던 기도문구들이 나무판에 새겨있다. 그림으로 그려있다. 벽에
낙서로 써 있다.

★ 강정아 너는 이 땅에서 가장 작은 고을이지만 너에게서 온
나라에 평화가 시작 되리라. ★ 해군기지 반대싸움 4645일. ★
전쟁과 무기로는 평화를 이룰 수 없습니다. ★ 미핵 항공모함 제
주 입항금지.

등등의 문구들이 펼쳐져 있다.

노천 천막에서 평화의 미사를 드린다. 문정현 신부님이 강정
구름비를 사랑한다는 애절한 울부짖음의 노래가 눈물 난다. 감옥
생활, 단식투쟁, 길에서 평화를 외치던 힘든 사제생활이 그분을
단련시켰을까? 85세의 나이가 무색하게 건장해 보인다. 하얀 수
염이 더 신성하게 보이는 것은 내 사욕을 위해서가 아니라 하느
님의 평화를 위해 싸웠기 때문일 것이다.

대한민국은 일본에서 해방 되었다고 하지만 주인이 바뀐 것뿐
이다.

가장 아름다웠던 올레코스 7번에 있는 구름비는 형태가 없어
졌다. 구름비는 돌 전체가 화산으로 된 하나의 바위로 되어있다.
세계에서 세 개뿐이다. 그중에 하나를 가지고 있는 문화적인 것

을 파괴했다. 다른 나라에 남은 게 두 개다.

우리의 해군기지가 여기에 필요했던 게 아니다. 미국이 중국을 겨냥해서 핵 기지가 필요했다.

미국은 전쟁으로 부자가 된 나라다. 그들이 생산하는 군사물자를 소비하지 않으면 미국의 경제가 휘청거린다. 우리나라에 긴장을 조성하는 것 중에 하나도 미국의 속셈이 숨어있다.

제주도의 암 덩어리

1992년부터 이미 우리나라엔 핵무기가 있었다. 지금도 부산과 평택에서 생화학무기가 제조되고 있다고 한다. 언젠가 배달 사고로 생화학병원체가 노출되었던 일이 생각난다. 미국은 동남아쪽 세력 확장을 위해 지리상으로 먼 괌이나 오키나와보다 제주도가 더 적합하다는 것이다. 만일 미국과 중국이 핵무기 싸움이 벌어진다면 제주는 그야말로 총알받이가 되는 것이다. 도민들의 반대는 당연한 이유가 있다. 해군의 기지가 다 되어가니 미핵 항공모함이 입항한다. 핵 항공모함이 들어오면 주변 바다가 방사능에 오염되어 물고기에 피해가 많다고 한다.

해군기지가 완성되어가니 이번에는 공군기지가 필요했다. 그게 성산 제2공항공사란다.

힘없는 나라의 서러움이다. 우리가 미국한테 큰소리치지 못하는 것은, 남북한이 갈라져 있기 때문이다. 이 상황을 이용하는 정치권들의 이해 다툼에 우리 땅이 멍들어간다. 해마다 주둔비용을 올려 달라 떼쓴다. 주둔비용을 주는 대신 그 돈으로 우리의 국방

비에 쓴다면 오히려 우리의 국방이 더 튼튼해지지 않았을까? 우리의 약점을 이용해 우리를 최대한 우려먹는 꼴이다. 패전국인 일본을 남북으로 갈라놓아야 하는 걸 미국과 소련의 이해타산으로 피해국인 우리나라를 갈라놓았다.

필리핀은 우리보다 못사는 나라지만 미국이 함부로 하지 못한다. 미군 물러가라고 하자 임대료를 주며 그곳에 있다. 왜 우리는 그렇게 당당해질 수 없는가? 지금이라도 국민 모두가 똑바로 정신을 차려 힘을 모으면 얼마든지 가능하다. 그러나 이 상황을 이용해 자기들의 정치생명을 연장하려는 세력들 때문에 이 꼴이 되어가고 있는 것이다. 마음이 우울했다.

평화를 기원하는 미사를 하고 현장에 가서 깃발을 들고 행진했다. 기지에 근무하는 사람들을 위한 합숙소 건물이 아파트단지를 이룬다. 이 많은 사람들이 여기에 있다는 말이다. 평화를 기원하는 춤과 노래를 부르며 기지 정문까지 행진하고 강정에 평화를 원한다는 소리를 치며 돌았다. 예리고 성을 도는 느낌이다. 그들에게 평화의 염원을 꾸준히 보여주어야 한다. 이 행위를 앞에서 선창하고 선언문을 낭독하는 이가 젊은 여자다. 미국인이다. 21세의 처녀는 미국이 여기에 깡패 짓을 하고 있다며 성토에 앞장서 이곳현장을 지킨다.

문 신부님은 이곳에 평화의 대학을 만들겠다는 꿈을 가지고 있다.

그 꿈이 이루어져 모두가 전쟁의 공포가 없는 곳에서 살았으면 한다.

교회는 건물이 아니고 사람이다

수사신부님 세 분은 식사 때마다 음식을 나르고 청소를 한다. 설거지하고 주변을 정리한다. 이분들은 신부이기 전에 봉사하며 살고자 예수님과 결혼한 분들이다. 수도자로서의 실천하는 삶을 살아야 하기에 일을 한다. 넓은 정원도 가꾸고, 풀을 뽑고, 빨래를 한다. 성물도 팔고 사진도 찍어 카페에 올린다. 수도복을 입지 않았을 때 처음엔 이곳에서 일하는 일꾼인줄 알았다. 주관하시는 수사신부님은 어렸을 때는 개구쟁이였을 것 같다. 그러나 영성의 말씀은, 하느님과 함께함을 체험하게 한다.

성당은 지하다. 제대가 독특하다 십자고상도 어디에서 보지 못한 모양이다. 머리에 상투를 틀고 바지를 입었다. 옛 우리 선조들이 입었던 헐헐한 속옷 바지다. 얼굴도 작고 약간은 못생긴 우리네 할아버지 같다. 순교자의 모습이다. 십자가는 널빤지다. 옛날 곤장 치던 형틀이다. 자세히 보니 나무판이 조각으로 붙어 있다. 이곳에 있던 60년이 된 옛 성당을 허물고 다시 지었을 때, 아픔이 많던 제주도 신자들이 와서 기도하던 의자를 버리지 않고 십자가로, 제대 의자로, 독서대로 만들었다고 한다. 제대상은 돌로 둥글다. 제주도를 본떠 만들었다. 제대상에는 제주도의 지도가 그대로 그려있다. 바닥에 비치는 제대 그림자가 제주도지도와 똑같다.

아주 검소한 지하 성당은 이곳의 주민과 일치하는 느낌이다. 교회는 건물이 아니고 사람이 모여 기도하는 장소다. 그 장소를 여기서 보았다.

올레 8코스를 걸었다. 동백이 울타리로 되어있다. 붉은 꽃이 연분홍 치마를 입은 새색시 같다. 초등학교 교사로 친구들과 같이 온 일행이 살갑다. 그들에게 일상을 탈출하여 새로운 자기네의 모습을 연출시켜주었다. 선글라스와 화려한 스카프만 있으면 된다. 주인공 배우를 만들어 주었다. 평소에 하지 못한 포즈로 사진을 찍어주었다. 여행에서만 느끼는 해방감이다. 전혀 다른 자기들의 모습을 보고 좋아하는 모습에 나도 행복하다. 바다를 끼고 걷는 한가로운 시간. 충만했다. 걸으며 많은 대화를 했다. 자기들의 노후 모델로 기억하겠다는 말에 긍지를 느낀다.

공항으로 가는 버스 안에서 마지막 말씀 뽑기다. 그동안은 일행 모두에게 같은 글귀였다. 이번에는 각자에게 다른 성경 글귀다. 내가 뽑은 성경 구절이 나를 감동하게 했다.

아, 주님 제가 당신 앞에서 성실하고 온전한 마음으로 걸어왔고, 당신 보시기에 좋은 일을 해 온 것을 기억해 주십시오. (2열왕 20,3) 히즈키아의 기도

그동안 가슴에 돌처럼 뭉쳐있던 것들이 스르르 녹아내린다. 눈물이 왈칵 솟았다.
내 온몸을 휘감아드는 따뜻한 온기.
하느님이 내 삶을 지켜보고 계셨구나.
위로가 되었다.
내 걸음이 당당해졌다.

4장

우리사회의 면역체
(전국 수도원 순례)

• 청소년을 위한 살레시오 수도원

수도원은 넘을 수 없는 선 안에서 사는 이방인의 구역 같다는 느낌이다.

호기심과 경이로움으로 바라보던 그들의 모습은 우리와는 전혀 다를 거라는 선입견을 가지게 한다. 신성시하기도 하고 때로는 사람과는 다를 거라는 편견을 가지게도 한다.

아마도 그 내부를 볼 수 없고, 잘 알지 못하기 때문일 것이다. 특히나 한번 들어가면 평생 그 구역을 벗어날 수 없다는 봉쇄수도원에 대한 호기심은 더욱 그렇다.

이번 수도원 순례를 신청한 것은 거룩한 순례의 신심이 아니라 호기심 때문이다.

코로나로 인해 여행이 단절되어 큰 감옥에 사는 느낌이 들기도 하던 차다.

3박 4일의 이번 일정은 겉핥기지만 나를 들뜨게 했다.

사당역에서 출발하는 관광버스에는 철저한 방역을 준비하고

내가 만난 하느님

나처럼 기대를 가진 천주교신자와 개신교신자 1명을 포함해 25명 정도가 탔다.

첫 번째로 도착한 광주 살레시오 남자수도원에서 미사로 시작한 여정은, 영성심리상담소 소장님으로 계시는 홍성남 마태오 신부님과 함께하는 일정이라 더 좋았다.

이 성당에는 설립자 돈보스코 성인과 김대건 신부의 유해가 제대 앞 작은 성광 안에 안치되어있다.

건물은 소박하고 정갈한 느낌이다. 이 수도원 특징은 수도자들의 수도복이 없다는 것이다. 수도원 설립의 뜻이 청소년들을 위한 것이라, 불우한 청소년들을 위해 같이 생활하고, 그들과 같이 놀아 주어야 해서다. 치렁치렁한 수도복이 아니라 일상복으로 그들과 같이 지낸다. 청소년들이 거리감을 느끼지 않게 하기 위해서다.

남수단에서 청소년을 위해 헌신하신 이태석 신부님도 살레시오 수사신부셨다.

가톨릭 제도 중에 가장 큰 장점은 교구와 수도원이 같은 믿음 안에서 각각이 독립적인 형태를 갖추고 있으면서도 연대한다는 점이다. 수도원 또한 그렇다. 운영이나 시스템이 독립적이고 자율적이다. 설립의 목적에 따라 역할이 다르지만, 가톨릭 안에서 일치한다.

수도자들은 혼란스러운 우리 사회의 백혈구 역할을 하고 있다는 홍성남 신부님의 말씀처럼 수도자들은 이 사회를 지탱하게 하는 면역력을 높이는 자들이다.

이 사회에 아무런 역할도 도움도 안 되는 것 같은 그들은, 인생을 낭비하는 사람처럼 보인다. 내막을 모르는 일반인에게는 불쌍

해 보이기까지 한다.

• 예수고난회 남자 수도원

예수그리스도 고난회 남자수도원은 피정 집으로 명상의 집을 운영한다.

마음이 상해 있을 때 이따금은 우이동에 있는 명상의 피정 집에 가서 마음을 세척하기도 했다. 수사님이나 신부님의 말씀이 바다를 보는 듯이 탁 트여있다는 느낌이었다. 세상 안에 있지만 세상에 속하지 않는다는 설립자의 이념이다.

예수그리스도의 고난의 십자가가 항상 우리 마음에 있어지어다 하느님 사랑을 모르는 게 악이다.

'스스로한테 자유롭지 못하면 감옥에 사는 것이다'라는 교훈으로 수도 생활을 하는 남자들의 모습이 수도복 속에서 우리와 다른 순박하고 해맑은 미소를 보았다.

검정 수도복을 입고 수도복 앞에 십자가가 표시되어 있는 예수고난회 마크를 달고 있다. 예수의 고난을 기억하며 내적 삶의 태도를 상징하는 의미다. 참회의 삶을 살아가는 게 수도회의 정신이다. 수도복은 수도원마다 다르다. 설립의 목적에 따라 뜻하는 의미가 다르기 때문이다.

수도원은 공원처럼 나무가 잘 다듬어져 있다. 주변 전체가 정원 같다. 전지가 잘 되어있는 소나무가 탐이 났다. 건물 중에 오픈되어 있지 않은 언덕 위의 집은, 봉쇄수도원이라서 일반인은 들어가지 못한다. 못 들어간다니 더 궁금하다. 그 안에는 어떤 사람들이 밖의 세상을 등지고 살아갈까? 얼마나 고적하고 무료할까? 괜히 내가 걱정이다.

• 까리타스 수녀원

광주 남구 임암동에 있는 까리타스 수녀원은 일본에서 시작해 처음 나주에 들어와 활동한 수녀원이다. 어려운 사람을 돕기 위해 봉사하는 수녀님들은 모든 생활용품을 자급자족하는 게 원칙이다. 때로는 운영비를 충당하기 위해 자체에서 만든 물건을 팔기도 한다. 유리공방 작업실에는 작품을 만드는 수녀님의 독특한 작품세계로 세상에서 단 하나뿐인 작품을 팔고 있다. 그동안 활동했던 박물관도 구경했다. 수녀원에서 저녁 식사를 하고 그곳의 숙소에서 잤다. 숙소는 아주 단순하다. 아침에는 자고 난 자리를 청소하고 이불과 베갯잇도 벗겨 빨래하기 쉽도록 내놓아야 한다. 식사도 담백하고 깔끔했다. 음식을 남기면 안될 것 같은 분위기다. 수도자들의 얘기로는 그곳에서도 사람들이 살고 있어 세속에서 느끼는 갈등과 분열이 있다고 한다. 오히려 세속에 있는 사람들이 더 수도자보다 열심히 사는 것 같다고 한다. 그러나 찌든 세속인의 표정과 티 없이 보이는 그들의 표정으로 보아 판단하기는 쉽지 않다.

신부님이 함께 하시어 날마다 미사가 있어 좋았다.

신부님의 솔직하고 걸쭉한 강론은 다른 데서 듣기 어려운 내용이라 속이 후련했다.

무당이 되려다 신부가 된 분

홍성남 신부님의 말씀이 삶을 되돌아보게 했다.

심리전문가답게 말씀하셨다. 모든 사람들은 마음을 비우라고 하는데 내 마음이 가득차야 남을 줄 수 있는 게 인간의 본성이다. 내 가슴에 사랑이 넘쳐야 남을 사랑할 수 있다. 내가 사랑이 고프면 우선 나부터 채우려하기 때문에 남에게 줄 수가 없다는 것이다. 해보지 않은 것은 항상 갈망으로 남아있어 언젠가는 그 갈망을 채우려 하는 게 인간의 본능이란다. 그러니 좋은 것으로 자신을 가득 채워서 남는 것으로 이웃을 살펴야 한다는 것이다. 인간의 본능을 너무 억제하면 신체에서 병이 생긴다고 한다. 자연스럽지 않은 일이기 때문이란다. 세상에서 진정한 성인은, 많은 것을 가지고 태어난 부처님과 프란치스코 성인이라 한다. 그들은 가져봤기 때문에 버릴 수 있었다는 것이다.

무당이 되면 돈을 많이 번다고 해 무당이 되려고 몰두하다가 본인의 의지와는 전혀 상관없이 신부가 되어버린 과정을 들으며, 나의 삶도 내 의지와는 다르게 살아왔음을 뒤돌아본다.

순교복자 묘지에서 묵상하다

거제도로 가는 길은 바다 옆을 돌아가는 길이다. 아픈 역사들이 많은 거제도에는 아픈 상처들이 세월에 씻기어 관광지가 되었다.

찾아간 곳은 박해 때 순교한 윤복문요셉 순교복자 묘지다. 거제시 일운면에 있는 묘지는 울창한 대나무 숲이 장관이다. 잘 가꾸어진 대나무는 엄청 굵다. 높이 솟은 대나무 사이로 햇살이 쪼개져 내려오는 모습도 장관이다. 산 위에 예수님의 고난을 재현한 14처의 기도를 하면서 올라갔다. 어르신들은 가파른 산길인데 포기하지 않고 오른다. 아직은 성인품에 오르지 않았지만 성인 전 단계를 복자라 한다. 언젠가는 성인품에 오를 것이다.

성지를 다니면서 나 스스로에게 묻는다. 만일 지금 나에게 신앙을 버리지 않으면 내 자식과 인척들을 죽이겠다고 하면, 나는 배교를 해야 하는지 그래도 순교를 해야 하는지 어떤 모습이 현명한 선택일까 갈등이 생긴다. 가문을 멸족당하고 자신과 자식, 형제들을 처참하게 죽임을 당하면서도 믿음을 증명하며 죽어간 선조들의 신앙에 인간으로서 그럴 수 있을까? 나는 자신이 없을 것 같다.

버스 안에서 보여준 영화는 일본에 선교사로 온 포르투갈 수도회 신부님의 고난과 갈등, 처절한 신앙과의 몸부림이다. 박해를 받는 신자들을 살리기 위해 어쩔 수 없이 배교를 하면서도 죽을 때까지 하느님을 가슴에 품고 살고 있는 삶이 하느님 보시기에 어느 쪽을 원하실까 묵상해 보지만 답은 없다. 현재의 박해는 신앙인답게 살지 못하도록 유혹하는 쾌락적인 환경이지 않을까 생각해 본다. 그래서 수도자들이 시대의 백혈구라 하는 것일 게다.

• 가르멜 봉쇄수도원

밀양에 있는 가르멜 봉쇄수녀원은 내가 제일 호기심을 가진 수도원이다.

한번 들어가면 평생 밖으로 나오지 않는다는, 그러나 대기자가 줄 서 있어 들어가기도 어렵다는 수도자들의 표정이 보고 싶었다.

　이 순례를 택한 이유 중에 하나도 이 수도원을 보고 싶었기 때문이다.

　수도원 건물과 마당에 잘 정돈된 나무와 꽃들이 참 예쁘다. 칙칙하고 우울할 것 같다는 내 선입견을 완전히 씻겨버린 평화로운 모습에 내 안에 평온한 기운이 스며든다. 강당에 대기하고 있는데 철장 안에서 천사들이 부르는 듯한 고운 합창이 새벽을 여는 것처럼 작게 그리고는 점점커지면서 들려온다. 천상에서 들리는 소리. 몽롱한 환상에 빠진다. 철장을 가리던 문이 벗겨지고 철창 안에서 환한 수녀들의 모습이 보인다.

　예전에는 세속 사람과는 1년에 하루 정해진 날에 부모 형제와의 면회시간만 허용되었다. 우리는 철창 밖에서, 그들은 철창 안에서 서로 얼굴을 마주하고 대화한다. 감옥에 면회 온 느낌이다. 원장수녀님의 말씀은, 외부사람들의 모습과 열심히 살아가는 모습들을 보는 것은 수도원에 새로운 기운을 불어넣고 활력이 된다는 것이다. 그래서 이런 만남을 가지고 있다는 것이다. 아기처럼 순진하고 티 없이 맑은 미소. 내가 생각하는 것처럼 칙칙한 삶이 아니고 기쁘고 행복한 삶이란 걸 알았다.

　수녀님들과의 질문 시간도 있었다. 그들도 공동체 안에서 각자의 개성과 의지가 다른 만큼 갈등도 있고 불화도 있지만, 예수님의 사랑 안에서 살려고 노력하는 중이란다. 평생 살아온 수녀와 이제 갓 들어온 수련수녀도 있으니 똑같은 처지는 아니겠지만,

그들의 삶이나 우리네 삶이나 별반 차이는 없는 듯하다. 그들은 세속에 사는 우리가 더 수도자답게 살아가는 것이라 한다. 자기들보다 더 많은 시련과 단련을 받으며 살아가기 때문이란다. 수도자들을 만난 소감이나, 기도 부탁이나, 소감 등을 써 달라는 부탁에 내 생각과 느낌을 적었다.

세상의 모든 소식이 단절되어 있는 이곳에서 신자들과의 소통이 그들이 들을 수 있는 유일한 채널 일 것이다. 모든 수도원이 자립하기 위해 나름의 생존 방법을 가진다. 적게 쓰고 일을 해 자급자족을 하지만, 수도원을 유지하기 위한 비용이 만만하지 않다. 농사도 짓고 피정의 집을 운영하기도 하고 물건을 만들기도 한다. 카르멜 수도원은 교구에 제병(미사 때 예수님의 몸으로 축성되는 밀떡)을 만들어 공급한다.

수녀님들의 표정이 행복해 보이는 게 내가 왜 안심이 될까?

어느 수도원은 인간이 입으로 지은 죄를 대속하기 위해 평생 침묵하며 기도한다고 하니 내 입도 죄를 짓지 않기 위해 너무 많이 열지 말아야 할 것 같다.

• 올리베따노 성 베네딕도 수도원과 수정의 트라피스트 수녀원

올리베따노 성 베네딕도 수도원은 고성군 대가면에 있다. 이곳에 점심은 수도자들과 같이 했다. 수도회의 규칙대로 식사 중에 성경구절을 읽으며 소리 없이 밥을 먹어야 하는 게 너무 엄숙해 소화가 안 될 것 같다.

수사님들이 직접 음식을 만들고 뷔페식으로 먹는데 수녀원 음식과는 달리 젊은 수사님이 만들어서인지 소시지야채볶음과 골뱅이무침도 나왔다. 수사님들이 전부 머리를 밀어버려 스님 같다. 규칙인가 싶어 물었다. 머리가 길면 밖에 나가 이발을 해야 하는데 오가는 데 시간도 많이 걸리고 신경 쓰는 게 귀찮아 한사람이 미니 모두가 밀게 되었단다. 하기야 수도자는 서양 중이다. 산속에 있는 수도원은 엄청 넓었다. 그곳에는 일반사람들이 피정을 오거나 쉼이 필요할 때 쉴 수 있는 숙소가 잘 되어 있다. 토요일에 와서 일요일에 나가는 수도원 템플스테이도 운영하고 있다. 이곳에서 엄숙하게 지켜야 하는 건 침묵이다. 사람이나 물체나 소리를 줄이고 고요함에 나를 점검해 보는 시간을 갖는 것이다.

수도원에서 직접 만든 효소나, 차, 손수건, 성물, 등을 판다. 신자들은 수도원을 도와주는 셈으로 독일에서 직수입한 와인 등을 사간다. 일하며 기도하라는 수도원 정신에 일터가 많다. 주로 자연 그대로의 농장인데 비누나 바이올린 전문공방도 있다. 산책길이 잘 되어있어 한번쯤은 한가로이 거닐고 싶다.

누군가의 말에는 수도원들이 교회 안에서 제일 부자란다. 처음에는 버려진 시골 땅이나 깊은 산속에 기도하고 농사지으려 넓은 땅을 사용했는데, 주변이 개발되고 교통이 좋아지면서 저절로 땅값이 올랐다는 것이다. 하느님이 하시는 일 참으로 놀라워라. 그들이 부동산 투기한 것도 아니고, 땅값을 올리려 계략을 쓴 것도 아니다. 오직 기도하고 하느님 뜻에 따라 살려고 했을 뿐인데 결과는 부자가 되어 있는 것이다.

수정의 트라피스트 수녀원은 익숙한 이름이 아니어서 호기심이 갔다.

1891년 시프회에서 시작한 수녀원은 일본을 거쳐 1987년도에 한국에 창설되었다. 침묵 속에 고독과 대화하며 하루에 7번을 기도하고 일한다. 예수님을 닮으며 살려고 한다는데 살아가면서 사랑하는 것을 배우고 있다고 한다. 그들도 인간인지라 철저한 공동생활에 불협화음이 많다는 고백에 세속에 우리의 삶이 위안 받는 느낌이다.

　마산교구 가톨릭 회관에서 숙식을 하고 저녁과 아침을 먹는다. 회관은 산 언덕 위에 있어 전경이 아름답다. 앞에 펼쳐진 바다에 점점인 섬들. 그 앞을 느릿하게 지나가는 배는 그대로 풍경 그림이다. 지는 태양이 바다를 물들이고 어둑해진 구름 사이로 마지막 빛을 발하는 모습이 이 세상이 아닌 듯하다. 주변에 산책길도 엄청 아름다워 팔을 벌리고 흥얼거리며 걸었다.

　아마도 교구회관 중에 가장 좋은 터를 잡고 있는 것 같다.

• 왜관 베네딕도 수도원

　올리베따노 베네딕도 남자 수도원과 여자 수녀원은 같은 회칙을 지키고 지향이 같은 수도원이다. 수도자들이 어떻게 지내야 하는지를 최초로 규정하고 공동체 생활을 하는 규칙 등을 처음 만든 성인이다. 이후에 설립한 수도원들이 이 회칙을 기준으로 했기에 비슷한 생활이다. 그러나 설립자들의 뜻이 각각 달라서 수도자들이 하는 일들은 수도원마다 다르다.

　마지막 일정은 칠곡에 있는 왜관 베네딕도 수도원이다. 왜관 수도원을 배경으로 공지영이 쓴『높고 푸른 사다리』라는 소설을 읽고 이곳에 오고 싶어 피정을 왔었다.

다시 오니 또 다른 모습으로 새롭다.

우리나라에서 가장 오래된 수도원이다. 북한 원산에 있다가 공산당의 핍박에 많은 순교자를 내고 남한으로 이전 하던 중, 땅값이 싼 칠곡으로 오게 되었다. 처음 지은 성당이 성탄 때 불이 나 지금의 새 성당이 지어졌다. 총 책임원장을 아빠스라 하는데 아빠스를 뽑을 때는 후보자가 없이 전 수도자들이 투표한다. 오래된 수도자들도 있는데 이번에 아빠스로 뽑힌 분은 젊고 잘생긴 아빠스다. 성당은 우리나라에서 제일 큰 파이프오르간이 있다. 수도원 안에는 수십 종류의 일터가 있다. 밭농사, 출판사, 목공실, 유리공예, 정비소, 세탁소 등등 많은 장소에서 한 가지 일을 수십 년간 꾸준히 하다 보니 그 분야에 전문가가 되어 있다고 한다. 분도 출판사는 종교 서적을 내고 있다. 목공소는 성당 의자나 제대를 짜는데 어찌나 튼튼한지 반영구적이라 한다. 성당에 스테인드글라스도 만들고, 제대 초를 만든다. 또 햄 소시지도 만든다. 대부분은 신자들이 사간다. 시중에 나올 정도의 대량생산이 아니다. 수도자들이 일하면서 기도하며 만드는 것이라 완전 수제다. 일하다가도 기도 종소리가 나면 수도복을 갈아입고 모두가 성당에 나란히 들어와 기도하고 또한 나란히 나간다. 여기의 차례 순은 나이순이 아니라 수도원에 들어온 순서다. 모자가 달린 원피스 같은 긴 갈색수단을 입고 십자가와 성경책을 든 수사가 앞에 서서 들어오고 똑같은 모습으로 퇴장한다. 침묵. 그 모습이 꼭 중세시대의 모습을 연상하게 한다. 다시 수도복을 벗고 작업복으로 갈아입고 작업한다. 일하는 모습은 정비소아저씨나 목공소아저씨 같다.

하루에도 몇 번씩 이 일이 되풀이 되는데 일에 능률이 오르지

내가 만난 하느님

않을 것 같다. 이들은 일하지 않으면 먹지도 말라는 예수님의 말씀과, 기도하며 일하라는 베네딕도 성인의 가르침을 실천하고 있는 것이다. 하기야 지금의 세상에 일어나는 문제는, 쓸 것만 생산하는 게 아니고, 과잉생산으로 인한 문제 해결이 안 되어서다. 과잉생산으로 전쟁도 하고, 광고도 하고, 분쟁이 일어난다. 필요한 만큼만 생산하여 소비한다면 이렇게 헉헉거리며 바쁠 이유가 없을 것이다.

집으로 돌아오는 긴 시간에 내가 왜 이리 바쁘다고 허둥대는지 근본적인 원인을 생각해 본다. 욕심을 줄이고 모든 걸 하늘의 뜻에 맡기면 삶이 좀 더 여유로울 것 같다.

★ 시간을 허비한 죄

　　순간에 충실하지 못한 죄

　　자신과 이웃에게 열정을 다 하지 못한 죄

　　세상 것을 너무 탐한 죄로

　　스스로 감옥에 들어가

　　죗값을 계산하고 있습니다. ★

5장

침묵 중에 소리를 듣다
(노틀담 수녀원)

그동안 코로나로 여행도 못가고 만나고 싶은 사람도 제한적이라 큰 감옥에 갇힌 느낌이다. 일상탈출을 준비하던 차 수도원에서 하는 2박 3일 침묵피정을 신청했다.

전화로 신청하자 수녀님이 대 침묵을 해야 한다는 단서를 먼저 붙였다. 많은 피정을 다녀봤다. 그러나 이번 피정은 마음의 준비와 각오를 하고 가야 한다는 암시 같았다. 오래 전부터 생각했던 것이다. 가회동 성당 맞은쪽 북촌마을에 접해 있는 노틀담 수녀회교육관은 오래된 건물을 리모델링했다. 북촌의 한옥마을은, 건물을 부수면 1층만 지어야하고 기와를 올려야 해서 재건축을 할 수 없다고 한다. 60년이 된 건물을 새로이 단장한 것이다. 정원은 세월을 말해주듯 큰 나무들과 다듬어진 꽃나무들이 무성하다. 남자수도원과 여자수도원의 차이점은 확연히 다르다. 느낌과 섬세함과 아기자기한 맛의 차이다. 가파른 산을 이용해 지어진 숙소와 수녀님들의 거처실과 교육관 어린이들의 체험장들이 있다.

14명의 수녀님이 계시다는데 내가 마주쳐 본 수녀님은 교육담당 수녀님과 보좌수녀님이다.

내가 만난 하느님

이번 참석자들은 여자들만 8명이다. 모두 인천교구신자들이다.

아마도 천국에는 여자들만 가득할 것 같다. 40~50대 여자 중에 내가 맏언니다. 큰 사고를 당해 몸이 불었다는 수녀님은 영성교육을 전문으로 하는 유명한 실력자시다. 서로 간단한 인사를 하고, 절대 침묵을 지켜야 한다는 엄한 규율에 밥 먹을 때 이외는 입을 다물어야 했다. 핸드폰도 압수다. 독방이다.

책상에 달랑 성경책 한 권.

수도자들은 1년에 한 번은 9박 10일 동안 대 침묵피정을 해야 하고, 한 달에 하루는 침묵을 해야 하는 게 의무란다. 수도자들의 피정을 조금은 완화해서 일반 평신도들에게도 할 수 있도록 열어 놓은 것이다.

수녀님의 말씀을 듣고 성경구절을 제시해주면 읽고 묵상한다. 그 안에서 기도의 요점을 정리하고, 침묵 중에 하느님과 깊은 교감을 나누어야 하는 방법을 설명해 주신다. 처음엔 적응하기가 어려웠다.

하느님 앞에 더 가까이 가려 할 때 유혹자들이 많다고 한다. 그 유혹자들은 삶에 파고들기에 선별과 식별을 잘해야 한다고.

기도는 하느님 앞에서 나의 내면을 보는 것이고, 침묵은 영적으로 자유롭기 위해서란다. 고통스러운 건, 말을 안해서가 아니라 나를 만나야 하기 때문이다.

묵상은 하느님 앞에서 내가 나를 보는 것이라 한다.

듣기 위해 침묵해야

침묵기도는 입만 다무는 게 아니라 들어야 한다는 것이다.

일단 말을 안 하는 것. 내 안에서 들리는 소리를 집중해서 들어야 하는 것. 그게 하느님의 소리인지를 분별할 수 있어야 한다는 것이다. 침묵 안에서 머물러야 깊숙한 내면에서 갈망하는 소리를 들을 수 있다고 한다. 오랜 연습이 되지 않으면 익숙해질 것 같지 않다.

우리는 일상에서 하느님께 묻는 시간을 가지질 못했다. 하느님 이게 뭐죠? 하고 묻고 하느님의 소리를 들을 수 있는 시간을 가지지 못하고 분주하게 살았다.

하느님을 만나려면 집중해야 한다는 수녀님의 강의에 건성인 나를 뒤돌아본다.

기도하는 태도도 엄격하다. 경직되어 머리와 가슴이 몸에 와 닿으면 피곤하고 한번 앉으면 움직이지 말아야지 기도 중에 움직이면 현실로 돌아와 기도의 리듬이 깨진다고 한다.

기도하다 두려움이 생기면 유혹이다. 요점에 집중해야 한다. 기도 후에 감정적인 요소를 살피고 내적인 움직임을 보라 한다. 기도 후 성찰 시간이 15분이 지나면 소설을 쓸 수 있으니 분심 들지 않게 해야 한다. 자꾸만 다른 생각이 눈앞에 어른거린다.

첫 과제는 시편 139편. 하느님이 나를 창조하셨다. 모든 것을 아시는 하느님. 현재 나를 창조하시는 분. 내가 살아가는데 디딤돌이 되시는 분. 내게 관심이 많으신 분을 묵상하고 그 안에서 하느님의 모습을 찾고 요점을 정리하라신다.

내 손에 가득 쥐고 있을 때 하느님이 주시는 걸 받을 수가 없다는 말씀이다. 무질서에서 질서를 잡아 주시고, 인간으로 채울 수 없는 것을 채워 주시는 하느님을 체험으로 만나라고 하신다.

내가 앉아 있는 곳을 마음으로 그려보고 성령의 도우심으로 내 안에 계시는 하느님을 만나길 간절히 청하라고 하신다.

나는 얼마나 밀접하게 하느님과 연결되어 있는가?

나는 주로 어디에서 어떻게 하느님과 만나는가?

이런 요점을 마음으로 정리하라는 것이다.

성당 안에서 공동기도는 창세기 2장 7절 '하느님께서 생명을 불어 넣으셨다'는 구절이다. 하느님의 현존을 의식하고 나의 모든 행위와 의지와 마음과 노력을 다하여 하느님께 봉사가 되도록 청하라고 하신다.

현실에 너무 많은 일거리를 안고 사는 평신도에겐 너무 버거운 것 같다.

나는 하느님과 어떤 관계인가

코로 숨을 깊게 들이쉬고 입으로 내쉰다. 내 몸의 숨을 의식하고 내 몸이 머리끝에서 발끝까지 의식하며 마음을 떠올려 본다. 내 몸 구석구석에 하느님의 손길이 어려 있음을 느낄 수 있게 청해본다.

하느님께서 사람을 빚으심. 코에 생명을 불어 넣으심. 하느님께서 나를 빚으시고 내 코에 생명을 불어 넣으시는 모습을 그려보며 주님의 기도를 드린다.

어려서부터 기억나는 대로 기억하고 적어본다. 내가 살아온 환경, 부모, 형제, 친구, 선생님, 자라온 과정을 기억해보며 살아온 모두를 뒤돌아본다. 내가 너희와 함께 하리라는 말씀을 그 속에서 찾아본다.

내가 열심히 살아왔는데 그게 하느님의 길이 아니었다면?

하느님의 길을 알려 주시는 분은 성령이신데 그 뜻에 충실했는가?

수녀님의 강의에 나를 돌이켜 본다.

성찰도 하느님의 은혜가 있어야 한다니. 감정의 결핍에도 원인이 있어 내가 나를 들여다봐야 한다는 것이다. 내면을 하느님께 보이며 치유 받아야 하는 것이다. 남의 잘못을 밉게 보는 모습을 내 안에서 찾아봐야 한다. 내 결핍을 남한테 투사하지 말고 내 모습을 살펴야 한다는 것이다.

수녀님의 성장 과정에서 겪었던 상처와 치유 받은 과정을 들으며 나의 삶을 뒤돌아보았다. 어려운 순간마다 하느님이 함께 하셨는데 그때는 몰랐다. 내가 잘난 것 같은 교만이 눈을 가려서다.

성체가 있는 성당에서 멀찍이 떨어져 의자에 앉든 방석에 앉든 움직이지 않고 꼿꼿한 자세로 50분간 묵상기도를 한다. 많은 생각이 스쳐가기도 하고 흘러가기도 하고 살짝 졸기도 했다. 피정자의 개별면담이 있는데 나는 마음의 준비가 안 되어 뒤로 미루었다.

성당 안에서 단체 기도가 끝나면 주어진 과제로 본인들이 알아서 기도한다. 산책을 하면서, 숙소에서, 기도 방에서, 알아서 하되 절대 침묵이다.

고요, 정적, 바람소리, 새소리. 저녁 식사는 6시에 뷔페다. 음식은 담백하고 정갈하다. 수도자들이 해 주는 밥은 어디서나 맛있다고 정평이 나 있다. 식사 후 본인이 설거지를 해야 한다. 저녁 시간도 대 침묵. 숙소는 작은 침대. 작은 책상에 성경책이 전부다. 시계도 거울도 없는 방. 핸드폰도 없으니 시간도 모른다. 살아온 날들을 뒤돌아보며 하느님과의 관계, 자신과의 관계를 성찰하고 메모해 보라는 숙제도 있었지만 익숙하지 않은 이 고요가 불안하다.

사랑은 행동으로 증명해야

내 침실 바로 앞이 기도 실이다. 아무도 없는 기도실에 엎드려 예수님과 얘기를 했다. 혼자서 소리 내 노래를 불렀다. 내가 즐겨 부르던 찬양의 노래로 춤을 추며 불렀다. 주님이 받았던 고난을 묵상하니 힘들었다고 생각했던 내 삶은 아무것도 아니었다. 십자가에 가까이 갔다. 대부분의 십자가는 양손에 못이 박혀 쳐들고 있는데 기도실에 있는 십자가는 못박인 예수님의 팔 하나가 내려와 있다. 내 손을 잡아 주기 위한 듯. 발치를 올려 십자가에서 내려진 손에 내 손을 얹었다. 예수님의 손이 내 손을 붙잡고 있는 듯하다. 그동안 예수님이 내 손을 잡고 여기까지 왔었구나. 앞으로도 그 손을 잡고 걸어가면 외롭지 않을 거라는 위로가 되었다. 넓은 기도실에 혼자서 예수님과 마주하고 보니 예수님의 외로움이 느껴졌다. 고통과 죽음에 맞서야 할 때, 제자들은 배신하고 도망가고 혼자서 수모와 고통을 당해야 했던 그 심정이 내 가슴에 전이되어 아파왔다.

둘째 날은 하느님의 사랑에 대한 묵상의 시간이다.

호세아가 하느님의 명으로 바람둥이 여자와 결혼하고, 경매에 붙인 아내를 최고가로 사오라는 하느님의 명을 지키며 실천하는 모습에서, 우리 인간을 사랑하는 하느님의 모습을 찾아보라는 숙제다.

'내가 반기는 게 재물이 아니고 사랑이다'라는 말씀 안에서 과연 나는 사랑을 실천하며 살고 있는지 묵상하게 했다. 사랑하면 10계명을 어길 수 없고 기도의 열매는 사랑의 실천이라 한다. 아무리 기도를 많이 해도 사랑을 실천하지 않으면 헛것이란다.

주는데 기쁨을 주는 게 하느님의 사랑이고, 사랑을 베푸는 게 하느님의 기쁨이란다. 하느님의 사랑을 살아내는 게 영성이라고 한다. 살아낸다는 건 노동을 해야 하고 노동을 하지 않으면 실천할 수 없다는 것이다. 그래서 모든 수도자들은 노동을 한다고 한다. 사랑은 말보다 행동으로 증명해야 해서다.

이사야서 43장 1절에서 7절, 43장 18절, 루가복음 29절에서 37절까지 묵상 숙제다. 하느님께서 나를 만드시는 과정을 연상해 보며

'너는 나의 것이다' 하시는 말씀에 "예, 나는 당신의 것입니다" 하고 대답할 수 있는지. 하느님께서 나를 지명해 부르시는 것을 듣고 함께 있겠다고 하셨는데 내 삶을 돌아보면서 내 인생 여정에 함께 하시면서 나를 가장 소중한 존재로 이끌어 오신 주님의 손길을 느껴보기.

하느님께서 나를 사랑하기 때문에 어떤 대가도 치르신다는 말씀에 나는 하느님께 무엇을 돌려드릴 수 있는가를 묵상의 숙제로 주었다.

내가 넘어졌을 때 나를 업고 가신 분

하느님의 사랑이 얼마나 크신지에 대한 묵상 시간.

신명기 1장 29절에서 31절까지 읽고 기도하고 그 안에서 하느님을 만나고 나와의 연관성을 체험하란다. 하느님의 현존을 의식하고 나의 행위와 의식이 하느님께 봉사가 되도록 청하라고 하신다.

내 삶에 흔적 안에서 하느님의 손길을 발견할 수 있는 은혜를 청하고 찾아보란다.

하느님이 아들을 업고 다니듯이 하느님께서 내가 걸어온 모든 길에 나를 업고 다니셨고 내 삶을 지탱하게 해 주심을 기도 안에서 느껴본다.

내가 하느님으로부터 멀어지고 하느님을 의식하지 못하는 순간에도 더욱더 나를 위해 무언가를 하셨다. 내게 무언가를 하셨는지 묵상해 보란다. 문득 남편이 사업을 한다고 벌이다 거덜이 나고 앞이 보이지 않던 절망의 시기에 순간순간 하루치의 양식을 떨어지지 않게 주셨던 기억. 교만에 빠져 하느님을 떠났던 남편에게 하느님의 현존을 체험하게 했던 사건들이 떠올랐다. 그때 나를 업고 깊은 강을 건너 주신 하느님의 사랑을 이제야 절실히 체험으로 느꼈다.

'무서워하지도 두려워하지도 마라' 그 말씀을 읽기는 했지만 감정적으로 믿지를 못해 걱정을 쌓아 놓고 살았던 삶이었다. 하느님의 눈으로 나를 바라보며 '나는 일상생활에서 하느님께 얼마나 신뢰를 두고 있는가?' 침묵 속에서 묵상해 보란다.

점심식사도 큰 테이블에 각자 혼자서 침묵하며 식사를 한다.

코로나의 영향도 있지만 절대 규칙이다. 하기야 우리가 일상에서 지은 죄는 거의 말에서 나온다. 말을 하지 않고 글로 표현한다면 싸움도, 오해도, 갈등도, 줄어들 것이다. 말에 감정이 실려 있고 억양에 따라 상처를 더 받는다. 사랑을 담은 말보다 분노를 담은 말을 더 쉽게 하는 습관으로 마음의 병을 주었지 않은가 반성해 본다.

오후에는 죄에 대한 묵상시간이다.

하느님을 인식한다는 것은, 하느님을 안다는 것이고 하느님이 어떤 분인지를 모르고 기도하면, 교회를 열심히 나가도 신발만 닳게 하는 일이란다.

내가 어떻게 살아야 하는지, 내가 구원이 필요하다는 것을 알아야 한다. 그러려면 죄가 무엇인지를 알아야 한다는 것이다.

예수님의 메시지가 전하는 구원은 '죄로부터의 구원'이고 구원에는 모든 것들이 다 풀리게 되어 있다. 죄를 본다는 것은 나에게서 가장 약한 부분을 보는 것이고 그 약함으로 해서 걸려 넘어지는 부분을 보아야 한다.

나의 죄를 인식하고 하느님께 내드려야 한다는 것이다.

신앙이란 계시된 진리를 믿고 투신하는 것이란다. 나는 과연 그랬을까?

고통은 내 것이다

내가 얼마나 이기적인가? 얼마나 두려움을 느끼는가?

내 잘못을 알지만 드러나는 순간 내가 깨질까봐 방어하는 태도를 버려야 하느님께 간다는데 나는 어떠했는가?

썩은 걸 도려내는 게 아니고 썩은 걸 알면서도 하느님께 돌려드리는 것, 그게 신앙인의 태도여야 한다는데, 나는 내가 썩은 부분을 후벼 파내려 했던 것 같다.

죄에서부터 해방이 되면 기쁨과, 해방감, 평화로움이 오는데 죄를 껴안고 있지 않았나 점검해 본다. 그러나 나의 가장 약한 부분에서 하느님을 볼 수 있다는 강의에 위로를 얻는다.

죄란 나의 약한 부분을 알아내는 것이고 그 부분에 하느님의 은총이 있다고 한다.

죄의 결과로 하느님과의 친밀감을 상실하고 관계가 단절되는 과정에서 자꾸만 멀어지게 된다고 한다.

그러나 자신을 너무 자책해 내 잘못으로 하느님이 얼마나 아파하실까? 나는 은총을 받을 자격이 없다는 식의 깊은 죄책감은 걸림돌이란다. 하느님의 사랑을 선물로 받아들이지 않고 부담으로 느끼는 것도 걸림돌이 된다고 한다.

고통은 '자기이탈'. '남이 주는 게 아니라 내가 받는다'고 한다. 모든 고통은 내 것이다. 똑같은 상황인데도 내가 어떤 시각으로 보느냐에 따라 다르다는 것이다.

하느님의 눈으로 보는 것과 내 감정으로 대하는 것. 사랑으로 보는 것과 내 편견으로 보는 것이 고통인가 은혜인가 달라진다는 것이다. 그러니 모든 고통은 남이 주는 게 아니라 내가 들여온 것이다.

생각해 보니 내 지난 날들도 그랬던 것 같다. 하느님의 계획과 내 생각이 달라서 오는 갈등이 고통이었던 것이다.

마태복음 25장에 나오는 달란트에 대한 비유를 읽고 세 명의 종에 대한 태도에 머물러 보란다. 그중에 나는 어떤 종이었는가? 해마다, 시기별로, 지난 나의 삶의 모습을 보면서 내 삶의 태도는 어떠했는지. 주인이 성실함에 대해 언급한 성실함은? 성인들과 비교해서 나의 성실함은? 다른 동료와 친척에 비교해 하느님 앞에 서 있는 나의 모습을 성찰하란다.

하느님과 나 자신에, 이웃에, 상을 받을 만큼 성실했는가?

하느님이 내게는 몇 개의 달란트를 주셨을까?

그 달란트를 잘 활용하여 몇 배의 이득을 하느님께 돌려 드렸을까?

수확이 별로인 것 같아 죄송합니다. 고개를 숙였다.

열매 맺지 못하는 나무는

나무를 심고 키우고 만드는 게 내 직업이었다.

하느님 앞에 갔을 때 무엇을 하다 왔느냐고 물으시면

"당신의 창조사업에 동참했습니다." 하고 대답해야겠다고 했다.

나무를 삽목 해 생명을 만들었다는 자부심에서다.

루가복음 13장 6절에서 9절을 읽고 열매 맺지 못하는 무화과에 대한 주인의 모습을 묵상해 보란다. 나도 나무를 키우면서 몇 번인가 경험한 일이기도 하다.

하느님 일과 내 삶에서 풍성한 열매를 맺었는가? 아니면 잘라버리라는 명에 1년만 더 기다려달라는 주인의 애절함으로 시한부를 받았는데 빈둥거리고 있지 않은가?

빈약한 열매를 맺어 버려질 처지가 되는 건 아닐까?

그런 내 모습을 바라보시는 주님의 눈길을 의식해 보라신다.

마태복음 5장 43절과 44절, '원수를 사랑하라'는 구절.

네 이웃을 사랑해야 한다. 그리고 네 원수를 미워해야 한다. 고 이르신 말씀을 너희는 들었다. 그러나 나는 너희에게 말한다. 너희는 원수를 사랑하여라. 그리고 너희를 박해하는 자들을 위하여 기도하여라.

이 구절을 읽을 때마다 부담감을 느끼는 게 사실이다. 아직도 내 안에 하느님의 사랑이 가득 차 넘치지 않아서일 것이다.

하느님은 누구신가? 나에게서 하느님은 어떤 분이신가? 행동이 따르지 않으면 하느님을 안다는 것은 거짓이다. 이 말에 나는 과연 하느님을 안다고 할 자격이 있는가?

나는 원수를 사랑할 만큼 하느님의 사랑으로 무장되어 있는가?

이론으로, 머리로, 생각으로는 그러해야 된다고는 알고 있다. 원수를, 나를 미워하는 이를, 나를 힘들게 하는 사람을, 사랑으로 대해 주어야지 하면서도 진정으로 그렇게 할 수 있는지 그렇게 했는지 나를 들여다본다.

의식적으로는 노력하지만 감정이 오래도록 쓰레기처럼 남아있어 상쾌하지 않은 부분이 보인다. 쓰레기를 버리고 또 치우다 보면 그곳에 꽃밭을 만들어 예쁜 꽃을 하느님께 보여드릴 수 있는 날이 오겠지. 나를 다독인다.

지도 수녀님과 영성 면담을 가졌다.

늦은 나이에 열정이 남아있어 사람들이 보기에는 무모한 도전이라 하겠지만 내가 꼭 하고 싶은 일이 있다. 하느님의 응답을 기다리는 중인데 그 문제를 상의했다. 수녀님이 기도해 주시겠다고 해 마음이 편안해졌다.

어떤 결과가 나오던 그 뜻이 하느님의 뜻이라면 그대로 순명하겠다는 마음을 스스로 내리니 한결 가벼워졌다.

죽음의 입장에서 나를 보다

마지막 강의는 용서와 죽음에 대한 것이다.

죽음은?

삶을 재설계하고,

죽음의 입장에서 삶을 보면 달라진다.

죽음의 입장에서 삶을 보면 찬란하고 아름답다.

죽음의 입장에서 삶을 보면 사소한 것이 사소한 것이 아니다.

죽음의 유언서에는 '화목하라, 건강하라, 행복하라'가 주로 많이 쓰여졌다.

평생을 추구하던 돈을 많이 벌어라, 명예를 가져라, 출세하라는 말은 별 의미가 없다는 것이다.

아름다운 마무리를 위해서는 죽음에 대한 생각을 바꿀 필요가 있다.

우리는 시한부 인생인데 나만 모르는 게 죽음이다.

어디서 죽을지 어떻게 죽을지 모른다. 죽음에 당연한 사실은?

• 모두는 죽는다.

• 순서가 없다.

- 아무것도 가져가지 못한다.
- 대신 죽을 수 없다.
- 누구도 경험할 수 없다.

뒷정리가 잘 된 죽음은 하느님 앞에 아름다운 모습이다. 살아가면서 죽음을 염두에 두고 살면 용서하지 못할 것도 없고, 탐욕을 부리고 안달하며 살 것도 아니라는 것이다. 죽고 태어나는 것이 용서고 죽지 않으면 아름다운 다른 세상을 볼 수 없다고 한다.

너무 많은 것을 가지고 있으면 선물을 주고 싶어도 받을 손이 없어 받지 못한다.

수녀님의 강의는 모두 당연한 소리인데 성직자가 아닌 우리는 그 내용대로 살기가 버겁다. 수도자인 수녀님도 젊었을 때 큰 교통사고로 죽었다가 9일 만에 의식을 찾았다고 한다. 병원에서 죽음으로 판정하고 밀쳐놓은 상태에서 기적적으로 살아나 지금까지 살아내고 있다고 한다. 죽었다 살아났으니 당시의 마음으로는 죄를 짓지 않을 줄 알았는데 여전히 죄를 지으며 살고 있다는 것이다. 하물며 우리 같은 사람들이야 하루에도 수십 번씩 죄의 경계선에서 갈등하고, 타협하고, 결심하고, 하는 게 다반사지 않을까? 하느님도 아시겠지.

예수회 신부님이 미사를 드려 주시려 부산에서 올라오셨다. 은퇴 후 혼자서 친환경 농사를 7천 평을 지으시는데 농기계를 잘못 다루다 손가락이 나갔다 한다. 밀농사를 지어 좋은 먹을거리를 만들고자 제빵 기술을 배우는 중이시다.

맛있는 식빵을 사오시어 식탁에 내놓으셨다.

용서는 나를 위한 것

　용서라고 하면 남의 잘못을 내가 용서해 주어야 하는 줄로 착각한다. 가장 용서해야 할 사람은 자신과의 용서와 화해를 해야 남을 용서해 줄 수 있다고 한다. 그런 다음에 신과의 화해, 주변 사람과의 용서와 화해가 이루어진다고 한다. 자기를 인정하는 사람이 남도 인정한다는 것이다.

　상처 속에서 살아가는 건 본인이 영원한 피해자다. 용서는 평생 계속되는 일이고 용서를 하면 삶이 달라진다. 영적인 성장은 용서를 통해서 이루어지고 이 과정을 뛰어 올라가면 단순해진다고 한다. 단순해진다는 것은 겸손해진다는 것이고 겸손은 나를 낮추는 게 아니다. 영적인 상태에서의 겸손은 있는 그대로 인식하는 것 받아들이고 인정하는 것이라 한다. '단순함=겸손=신앙'이 직결된다고 한다.

　모든 문제는 다 자기 문제다.

　용서를 통해서 사랑의 길이 열린다.

　아름다운 마무리를 위해서 사랑을 실천하고, 베풀고, 사랑하고, 용서하고, 받아들이고, 화를 내려놓아야 한다는데 내게는 큰 숙제 같다. 이 숙제는 언제 끝낼 수 있을까?

　얼마나 나를 하느님께 내주어야 이 숙제가 마무리될까? 하느님은 모든 사람한테 선물을 주었는데 장점과 단점을 같이 볼 줄 아는 식별이 있어야 선물을 볼 수 있다고 한다. 그중에도 아름다움을 볼 줄 알아야 하고, 긍정적인 것을 볼 수 있어야 선물을 받을 수 있다. 매사에 성령은 일치를 이루고 사탄은 분열을 일으킨다. 하기야 사람들이 모인 곳에는 일치를 이루려 노력하는 사람과,

분열을 조장하는 무리들이 있다. 유혹자가 멀리 있는 게 아니고 항상 내 옆에서 나를 충돌질 하는 자다.

  용서도 여러 종류가 있다고 한다.
  - 자신에 대한 용서 - 타인에 열심히 봉사하면서도 자신을 직면하지 못하고 있는 자
  - 타인에 대한 용서 - 나와 관계를 맺고 가장 가깝게 지내는 배우자 가족 이웃들.
  - 하느님에 대한 용서 - 부정적인 마음을 가진 것 등을 살펴보아야 한다는 것이다.

  배우자를 용서할 수 없을 때 '오늘 밤 이 사람이 죽는다면?' 하고 생각해 보면 용서하지 못할 게 없다고 한다. 죽고 난 이후에는 용서를 하고 싶어도 할 수 없으니 살아있을 때 용서를 하면 내가 자유로워진다는 것이다.
  문제는 감정이 그렇게 호락호락하지 않다는 것이다.
  감정을 정화시켜 달라고 기도해야 한다. 그것도 간절히.
  하느님의 은혜가 없으면 쉽게 되지 않은 게 용서이지 않을까?
  경험에 비추어 나의 나약함을 본다.

내 삶은 내 책임이다

  모든 사람들이 기도하고 소원을 비는 건 거의 비슷한 일들이다.
  물질적으로 부자 되고, 건강하고, 고통이 없이 행복하게 사는 것. 출세하고 명예를 얻고 나와 자손들이 남 보기에 복을 누리고

사는 것. 조금 더 나은 사람들의 기도는 세계평화를 위해서, 남북
통일을 위해서 등등.

기도가 타인을 위해 공동체를 위해 확장해 간다.

신앙을 가진 사람들의 내면에는 예수님을 본받고 닮아가는 고
통을 싫고, 잘 먹고 물질적으로 넘치게 살아가고 싶다는 축복만
을 받기 원한다.

무당에게 푸닥거리를 하며 비는 형상이다.

그러나 고통이 있을 때, 우리의 영혼이 성장되어 간다는 수녀
님의 말씀에서 내 삶에서 겪었던 고통들이 나를 더 성숙하게 했
음을 본다. 내가 쥐고 있는 것들을 내려놓지 못할 때 영성적으로
성장하지 못한다고 한다.

내면을 비워야 한다. 쓰레기만 붙들고 있으면 하느님이 선물을
주려 해도 받을 손이 없어 받질 못한다는 것이다.

일을 마치면 '어떤 직책을 맡았을 때나, 권력을 행사하는 일에,
내가 하는 일에' 모든 걸 버릴 줄 알아야 진정으로 감사하는 삶을
살 수 있다 한다.

인생의 가치는 나의 삶에서 내가 찾아야 하는데 남에게서 내
행복을 찾으려 하니 평화로움을 잃는 것이다. 특히나 엄마들은
남편과 자식에게서 내 가치를 투영하고 본인의 존재 가치를 찾으
려 했기에 세계의학사에도 없는 한(恨)이라는 병을 만들어 내고
있는 것이지 않을까?

나한테 왜 이런 일이 일어났을까? 인간의 눈으로는 알 수 없지
만 하느님 관점에서는 당연히 일어날 수밖에 없는 일들이 일어나
는 것이라 한다.

하느님이 만든 모든 세상은 모든 게 서로 연결이 되어 있어 피

조물들을 함부로 하지 말아야 한다는 말이 나를 뜨끔하게 했다. 농사를 지으면서 잡초를 죽이려고, 해충을 죽이기 위해 약을 뿌려댔던 일들. 가능하면 적게 최소한을 선택했지만 그들도 하느님이 만든 피조물이다. 하느님이 만든 이 아름다운 자연을 훼손하지 않기 위해 내가 어떤 노력을 했는지 무엇을 해야 하는지 생각해 본다.

조금 덜 쓰고, 조금 불편하게 살고, 조금 덜 먹고, 덜 버리는 게 내가 할 수 있는 일임을, 그 일을 실천하는 게 행동으로 사랑을 증거하는 일임을 알았다.

너희가 저마다 자기형제를 마음으로부터 용서하지 않으면 아버지께서도 너희에게 그와 같이 하실 것이다 (마태복음 18장 35절)

생각으로만 용서하는 시늉을 하는 게 아니라 마음으로부터 용서를 해야 한다는 것.
내 마음을 청소하는 시간이었다.

★ 그날,

나는 비로소 알게 됩니다

그 길에 당신이 동행했음을

내가 넘어져 누워있는 동안

당신이 내 발을 치료했음을

좀 더 일찍 알았더라면

이렇게 지치지 않았을 것을 ★

6장

예수마음을 찾아 떠나다
(문산 예수마음피정센터)

　8박 9일의 침묵 피정을 신청한 건 열심히 일한 나에 대한 보상
이다.

　가는 날 12시까지 일을 했다. 10여 일을 비우는 사이에 밭이 정
글이 되지 않게 해야 해서 우거진 풀을 뽑느라 지친 상태다.

　전철을 타고 문산역에서 내려 택시를 타고 오라는 안내문을 받
았다.

　길 찾기로 검색해 보니 버스도 있었다. 버스를 탈까 하다 엄청
알뜰한 수도자들이 택시를 타고 오라는 데는 이유가 있겠지 하며
택시를 탔다. 가면서 그 이유를 알았다. 군부대를 지나 한참이나
더 가야 하는 길은 차 한 대만 갈 수 있는 농로 길을 포장한 곳이
다. 맞은쪽에서 차가오면 후진해서 비켜 주어야 한다. 이곳까지
버스가 오지 않았다. 버스를 타고 왔으면 왕창 고생할 뻔했다.

　버스를 타고 온 사람들이 걸어오다 지쳐 길에서 한숨을 쉬고
있다.

　예수마음피정센터는 성당도 수도원도 아니다. 피정을 하기 위
한 건물은 다른 구조물이 없이 아주 단순 담백하다.

내가 8일 동안 혼자 묵어야 하는 방엔 침대 하나, 벽에 걸린 고상, 성경책, 화장실, 작은 책상, 옷장이 전부다. 침대도 직접 만들었다. 그래서인지 삐거덕거린다.

짐을 내려놓고 강의실에서 각자 자기소개를 했다. 26명 중에 반은 일반 신자고, 반은 수도자, 신부, 신학생, 수녀들이다. 수녀들의 출신지도 다양하고 자원해서 온 수녀도 있고 오기 싫었는데 강제로 보내져서 온 수녀도 있다. 젊은 분, 나이 드신 분, 처음 온 분, 몇 번째 온 분, 다양하다.

원장수녀님은 42년생의 할머니신데 곱고 건강하시다. 몇 번의 죽을 고비를 넘길 만큼 건강이 좋지 않았다는데 지금은 정정하시다. 성심수도원에서 50년간 수도회 생활을 하셨고 93년부터 예수마음피정센터를 운영하고 계신다. 1박 2일부터 40일까지 다양하게 피정을 지도하신다. 40일 피정은 아무나 할 수 없어 준비하는 과정도 많다. 예수님도 40일 동안의 기도 여정을 하셨다. 이 피정 중에 지켜야 하는 규칙이 엄하다.

시작에서 끝날 때까지 절대 침묵. 피정 중에 요구하는 기도만 할 것. 성경도 이곳에서 제시하는 곳만 읽을 것. 마스크 철저하게 쓰고 식당이나 강의실 기도할 때 미사 할 때도 자기가 앉아 있던 자리만 앉아야 한다. 핸드폰 모두 압수. 다른 책이나 신문 등은 일절 읽지 말 것. 모든 세상과의 단절이다. 먹고, 자고, 성경 읽고 기도만 해야 하는 곳이다. 세상 속의 무인도에 온 기분이다. 나는 그동안 읽지 못한 책, 신문, 유튜브 동영상을 올리려고 준비해온 원고 등이 많았다. 그러나 모두 단념하고 이 순간에 하느님을 만나기로 했다.

예수님 사랑합니다

식사는 아주 검소한 뷔페식이다.

식사 시간도 침묵. 좌석에 이름표를 붙인다. 끝날 때까지 그 자리에 앉아야 하고 식기는 본인들이 봉사하겠다고 신청한 시간대에 3명이 설거지를 한다.

성경을 듣는 마음으로 읽고, 같은 문장을 반복해서 읽다보면 온몸으로 성경이 적혀 온다 한다.

"예수님 사랑합니다", "나의 주님, 나의 하느님." 이 두 기도 중에 하나를 계속 반복해서 하되 눈을 뜨고 해야 한다. 눈을 감으면 잡념이 들고 졸려서 오랫동안 할 수 없다는 것이다. 마음 기도는 몸이 준비해야 하기에 푹 쉬어야 한다고 했다. 힘들게 일하고 바삐 온 내겐 쉬어야 한다는 말이 반가웠다. 음식은 맛으로 먹지 말고 건강을 위해 먹는다는 마음으로 몸과 마음을 절제하는 게 기도에 임하는 자세라고 한다.

기도를 해야 한다는 강박감으로 의무적으로 하게 되면 하느님과 자유로이 만나기가 어렵다고 한다. 기도할 때 필요한 건 기도하는 마음 자세이고 스스로의 열린 마음으로 단순하게 하느님을 바라보는 자세여야 한다고 한다. 성령의 이끄심으로 나를 내어 맡기라고 한다.

기도는 할수록 자신의 꼴을 마주하게 된다는 것이다.

무의식에 숨어 있는 자신의 내면을 의식화해서 하느님께 그대로 내어 보이는 것이라 한다.

첫날은 예수님을 맞이할 몸과 마음을 준비해야 하기에 아무것도 하지 말고 다른 생각도 하지 말고 그냥 푹 자고 쉬란다. 그렇지 않아도 피곤해 무엇을 할 엄두가 나지 않던 차다. 할 수 있는 것도 아무것도 없다. TV도, 핸드폰도 볼 수 있는 게 아무것도 없다. 성경책뿐이다.

빈 방에 덩그러니 혼자 있는 건 무인도에 와 있는 느낌이다. 아는 사람도 없고 마스크로 입을 막고 있지만 말할 필요도, 말할 사람도, 말할 이유도 없는 허허로운 상태. 예수님한테 중얼거렸다.

"당신하고 둘만 있으니 우리 잘 지내요."

첫날이라 프로그램이 여유로웠다. 아직도 내 몸은 피로가 풀리지 않았다고 아우성이다. 계속 눈이 감긴다. 눕고만 싶다. 이대로 피정을 잘 받을 수 있을까 걱정된다.

내가 세상일에 너무 열심히 사는 게 아닌가? 하느님 보시기에 안타까운 모습일 것 같다. 이제는 나를 점검해 봐야 하는 나이지 않을까? 나이 들면 건강검진을 자주 해봐야 하듯이 하느님 앞에 내 영혼의 건강도 검진해 봐야 할 것 같다.

현재를 살아라

우리의 마음은 감정(과거)과 지성(현재), 의지(미래)로 행하는데 목숨은 '영혼'이기 때문에 성령으로 채워야 한다. 힘은 영적으로 하느님께 나아가는 힘을 가져야 한다.

정신을 다해 기도할 때 지금 여기에 있어야 하는데 생각 따로 기도 따로 하는 경우가 많아 수련이 필요하다. 하기야 온전히 기도에 몰입할 수 있는 경지라면 우리의 삶은 예수님이 바라는 모습으로 바꾸어졌을 것이다.

예수님이 우리에게 가르치심은 하느님을 아버지라 부르게 하셨고, 악령을 물리치시면서 우리도 할 수 있다고 그 방법을 가르쳐 주셨다. 또한 하느님나라는 이 세상 것에 너무 집착하면 들어가기 어렵다는 것을 말씀하셨다.

하느님나라는 지금 여기에 있다고 하셨다. 죽어서 가는 곳이 아니라 살아서 하느님나라를 만들어야 하고 그곳이 천국이라 하셨다. 하느님을 지금 여기서 뵙게 되면 참 행복을 느끼며 살 수 있는데 우리는 하느님을 너무 먼 곳에 놔두고 어쩌다가 한 번씩 불러내는 게 아닌가 싶다.

예수님이 기도에 대해 가르치신 것은 골방에 들어가 기도하라는 것이다. 골방의 의미는 이 세상 것에 문을 닫고 내면에 들어가 기도하라는 의미라 한다.

예수님을 만나려면 시간이 필요한데 모두들 바쁘다는 핑계로 내면에 들어가지 못한다. 그러니 진짜의 예수를 만나지 못하고 허수아비처럼 만들어진 예수를 보고 믿는다고 하니 세상이 이처럼 시끄러운 게 아닐까? 믿는다는 사람들이 오히려 예수를 팔아 자기의 실속과, 이권과, 영달을 누리고 있다면 예수를 조직사기꾼 두목으로 만들고 있는 게 아닐까?

예수님의 가르침은 영과 진리 안에서 지금 기도하는 것, 현재를 살아야 한다는 것이다. 이 세상 것을 구하는 기도가 빈말 기도라 한다. 아버지께서는 너희가 청하기도 전에 무엇이 필요한지 다 아시는데 우리는 하느님의 뜻과는 먼 세상 것에 매달려 썩어 없어질 것을 요구하고 있으니 하느님 보시기에 참 한심스러울 것 같다.

항구하게 기도하라 했는데 우리는 눈앞에 보이는 게 전부인 양

허둥대며 살고 있는 것이다. 뒤돌아 반성해 본다.

또한 예수님께 권리주장 기도를 하란다. 하느님의 귀한 자녀인데 어렸을 때 버림받고 사랑받지 못하고 아픔과 상처를 받았다면, 하느님께 자녀로서 행복할 권리를 주장해야 한다는 것이다. 깊은 상처를 치유 받지 못하고 그 상처로 인해 성격장애와 우울증을 겪기도 하고, 무의식중에 분노조절을 할 수 없는 상태를 하느님께 털어 놓고, 성령으로 치유 받을 때까지 어린애가 되어 기도해야 한다는 것이다. 그 과정에서 하느님을 만나고 새로운 사람으로 재창조된다고 한다.

내면의 상처를 들여다보다

무식하고 단순하고 성격이 급하면서도 열성적인 베드로사도가 예수님이 가장 힘들 때 예수님 앞에서 예수님을 세 번이나 모른다고 배반했다. 부활한 예수님이 베드로에게 묻는다. "너 나를 사랑하느냐?" 똑같은 질문을 세 번이나 하시는 것은 아마도 예수님의 의도된 뜻이었으리라. 세 번 배반한 베드로에게 확인을 받은 뜻이기도 했지만 그러므로 해서 베드로의 상처를 치유해 주신 게 아닐까? "네 사랑합니다." 세 번의 사랑고백을 받으며 "내 어린양들을 돌보라"는 말씀을 해주시며 "나를 따르라"고 하신다. 베드로는 박해 때 언덕 위에서 십자가형을 받는다. 그는 마지막 부탁을 한다.

"이 죄인이 감히 주님과 같은 모습으로 십자가에 죽을 수는 없으니 거꾸로 매달아 주시오." 그는 로마의 언덕 위에서 거꾸로 십자가에 매달려 순교를 당한다. 교황 1세로 지금 바티칸 성당 지하에는 베드로의 무덤이 있다.

50분간의 단순기도는 베드로의 고백 "예수님 사랑합니다.", "저희 주님, 저희 하느님."

토마스 사도의 고백 중에 한 가지를 선택하여 계속 집중적으로 하란다. 나는 "예수님 사랑합니다." 하는 기도문을 택했다. 10분간 말씀기도는 성경 읽기다. 그냥 눈으로 읽어야 한다. 아침 6시부터 기도, 미사, 아침 식사, 강의, 기도, 점심, 성체조배, 기도, 성경 읽기, 저녁 식사, 기도, 똑같은 프로그램이 돌아간다.

우리 마음의 내면세계는 5%의 의식 세계와 95%의 무의식 세계가 있다. 무의식 세계에 숨어 있는 수치심, 감사, 좌절, 찬미, 상처, 분노 등이 있는데 엄마 뱃속에 있을 때부터 영향을 받는다고 한다.

과거의 상처를 치유 받아야 현재를 당당하게 살 수 있다고. 하느님께 영적인 삶을 살도록 해 달라고 기도하고 하느님을 만나야 새로운 자기를 만날 수 있다는 것이다. 피정 중에 이것을 도와주는 분이 영적 지도자다.

하루에 20분 정도는 담당 지도자의 면담 시간을 가진다. 신앙적인 어려움이라든가 걸림돌이 되는 것 무의식중 어렸을 때 받은 상처로 인해 현재의 삶에 영향을 끼치는 여러 현상들을 대화로 풀어간다. 일종의 심리상담이다. 내 담당 지도자는 아주 젊은 수녀님이다.

나보다 어린 수녀님이 나보다 무엇을 더 알까 싶은 교만한 생각이 들었다. 이런 생각이 드는 것도 분심이라 싶다.

분심을 보내는 것도 기도라 했으니 교만한 생각들을 내보내야 했다.

내가 만난 하느님

피정 중에 유일하게 입을 뗄 수 있게 허락된 시간이다.

나는 어렸을 때 어머니께 받은 상처가 많았음을 기억했다. 스무 살이 되기 전에 나를 낳은 너무 젊은 어머니는 어머니 노릇을 어떻게 해야 할지 몰랐다. 그로 인해 받은 상처가 치유되지 않아 내 가슴 깊이 박혀 있음을 알았다. 그 영향이 은연중에 내 삶을 지배하고 있었다. 이 문제로 수녀님과 대화했다.

하느님을 만난 사람은 바뀌어 진다

피정 집은 산 밑에 외길 막다른 곳이다.

주변엔 도시에서 들어온 사람들이 전원주택을 지어 넓은 마당에 정원을 잘 가꾸었다. 꽃들이 예쁘게 피었다. 저 넓은 정원을 가꾸는 것도 일이겠다 싶다. 남 보기에 예쁘게 보이는 게 사람이나 정원이나 얼마나 손이 가는지 경험해 본 사람은 안다.

부슬비가 내리는 차고에 부부가 나란히 앉아 산자락을 내려다보는 모습이 부럽다. 모두가 부러워하는 노후의 모습이다.

휴식 시간에 동네를 돌아봤다. 마을은 벼농사와 밭농사를 짓는데 전원주택들이 많아서인지 시골스럽지 않다. 차가 비켜갈 수 없는 것 말고는.

9일 동안 침묵이다. 식후 설거지는 신청해서 한다. 그러나 피정자 모두가 동참한다. 신부, 수녀 예외가 없다.

제3의 여정은 회심이다.

예수님의 죽음을 준비하는 마리아가 예수님 발에 비싼 향유를 바르는 것에 대한 성찰이다. 유다가 마리아를 나무란다. 그 비싼 향유를 팔면 가난한 사람을 많이 도울 수 있는데 낭비한다는 질책에 대한 현실적인 생각과 신앙적인 태도에 대한 기도거리다.

예수님의 가르침은 이상적인 삶으로 초대하지 않으셨다. 예수님은 돌아가시면서 성모님을 위해 집 한 채 남기지 않았다. 영적으로 태어나게 하기 위해 오셨는데 제자들과 군중들은 현세 것을 바라며 물질적인 기적을 요구한 것이다.

이상적인 삶에 대한 추구는 사회정의, 희생·봉사의 삶, 거룩하고 흠 없는 삶, 성인이 되고픈 마음들이다. 본능적인 삶은 성적 욕구, 권력·명예욕, 재물, 건강, 장수에 대한 욕구다. 35세까지는 이상적인 삶을 추구하다가 이상이 깨어지는 아픔을 겪게 된다고 한다. 45세부터 100세까지는 본능적인 삶에 얽매이게 되는데 치우치지 않은 마음이 될 때까지 하느님과 담판을 지어야 할 정도의 기도를 해야 한다고 한다. 균형을 맞추는 게 중요한데 그러기가 어렵기에 기도를 해야 한다는 것이다.

각자의 성향과 개성이 다르지만, 그 다른 성향을 하느님께 맡기면 하느님께서 적재적소에 알아서 쓰신다고 한다. 내 성향대로 좋은 일을 하려고 하지 말고, 하느님이 하시게끔 해야 한다.

하느님을 만나면 이웃을 사랑하게 된다. 만났다면서 이웃을 사랑하지 않으면 만난 사람이 아니란다.

나는 지금 어떤 처지에 있나 묵상해 본다.

진정으로 하느님을 만났는가?

하느님을 만나려고 애쓰고 있는가?

하느님의 모습대로 이웃을 사랑하고 있는가?

하느님보다 나를 더 돋보이게 하지는 않았는가?

내가 만난 하느님

하느님을 만난 사람은 삶이 바뀌어야 한다는데 나는 무엇이 바꾸어지고 있나 돌아본다.

현재의 어려움은 내 안의 갈망 때문이다.

현재 어려움을 겪는 것은 내 안에 갈망이 서로 싸우고 있기 때문이라 한다.

인간은 두 가지의 갈망을 품고 사는데 하느님을 만나고 싶다는 영적 갈망과, 내 꿈을 이루고 싶다는 인간적인 갈망이다.

영적인 갈망은, 하느님을 체험하고 싶다. 하느님 뜻대로 살고 싶다. 희생과 봉사를 하고 싶다. 거룩하게 살고 싶다는 갈망이 있고, 인간적인 갈망으로는, 내 꿈을 이루고 싶다. 내 이름을 알리고 싶다. 풍족하고 충만하게 살고 싶다. 이 일을 하면서 보람과 의미를 찾고 싶다 등이다. 이런 갈등 속에서 중년기를 잘 넘기지 못하면 외롭게 된다. 중년기는 널뛰는 시기라 시끄럽다. 그럴 때 하느님 앞에 앉아 있으면 자기의 꼴을 볼 수 있다. 강의 내용이다.

피정 중에 자기의 진면목을 볼 수 있다고 한다.

그러나 대부분의 사람들은 하느님 앞에 조용히 앉아있질 못한다. 그래서 하느님의 음성을 듣지 못한다. 잠시라도 입을 다물고 하느님께 귀를 기울여야 한다. 침묵이 필요한 것이다. 삶이 하느님과 함께 했다면 외롭지 않겠지만 나 혼자 했다면 외로워진다고 한다. '외로움은 하느님에 대한 그리움' 때문이다.

정서적인 독립을 해야 외로움을 극복할 수 있다 한다.

아들이 아버지가 남자로 보일 때, 딸이 어머니가 여자로 보일 때가 정서적으로 독립된 성인이란다. 부모가 자식에게 줄 수 있는 건 독립시키는 것이다. 자녀가 자녀로 살 수 있도록 놔 주는 게 사랑이다. 우리는 사랑의 근본적인 것을 모르고 무조건 잘 하는 것, 내가 주고 싶은 것을 주는 것을 사랑으로 착각한다. 하느님과 우리의 사랑도 그럴 것이다. 하느님과의 사랑 방법이 달라 인간은 항상 하느님을 원망하게 된다. 어린애처럼 나의 모든 상황을 예수님께 솔직하게 얘기하란다.

그런데 이따금은 하느님을 속이고자 하지 않았을까 성찰해 본다.

산책하면서도 예수마음기도를 계속해야한다.

예수님 사랑합니다. 나의 주님! 나의 하느님!

주변에 한눈팔지 말고 피정자를 만나도 아는 체도 하지 않는다. 이런 피정은 혼자 오는 게 제격이다. 방도 독방이다.

오직 기도 안에서 하느님과 함께하는 시간이다.

죄지은 것의 대부분은 입을 열어 나온 것들이다. 갈등도, 싸움도, 분노도 입에서 나온다. 입을 다물고 있으니 마음도 조용하다. 이제부터는 입을 열어야 할 때는 하느님이 원하는 소리만 내야겠다.

그동안의 삶 중에 입을 닫아야 할 때 닫지 못해서 갈등과 분노와 후회가 많았음을 깨닫는다. 앞으로는 입을 다물고 살아야겠다는 다짐을 해 본다.

짐과 십자가는 어떤 차이일까?

이번 강의는 봉헌이다.

예수마음기도에서는, 내가 봉헌할 수 없는 것을, 봉헌할 수 없다는 것을 봉헌하는 것이란다. 받치지 못하는 무능함까지 봉헌해야 한다고. 봉헌이라면 거창한 것을 하느님께 내놓아야 하는 줄 아는데, 나의 모든 것을 있는 그대로 드리는 게 봉헌이란다. 겟세마니 동산에서 감정과, 지성과, 의지와, 성령으로 전인적인 기도를 하신 예수님을 본다. 공포와 번민으로 괴로워 죽을 지경으로 땀이 핏방울처럼 떨어졌을 때의 감정적인 기도. '아빠! 아버지! 이 잔을 거두어 주소서' 하는 기도는 지성적인 기도다. '제가 원하는 것을 하지 마시고 아버지께서 원하시는 것을 하소서!' 하는 기도는 의지로 한 기도다. '자! 일어나 가자!' 하신 것은 성령이 임한 기도다. 예수님은 겟세마니 기도에서 아버지의 뜻을 단 한 번 거역하셨다.

예수님의 솔직한 기도는 절망에 빠진 우리에게 희망을 준다. 예수님도 그처럼 고통 중에 갈등하셨는데 나약한 우리는 하루에도 몇 번씩의 갈등을 용서하실 것이다. 기도도 삶도 최선을 다하고 나면 후회가 없다.

예수님께서는 그 여자들에게 돌아서서 이르셨다.

예루살렘의 딸들아! 나 때문에 울지 말고 너희와 너희 자녀들 때문에 울어라 (루카 23-28절)

예수님은 십자가를 지고 사형장에 가면서도 본인의 고통보다는 살아가야 하는 우리들의 고통을 더 아파하셨나보다.

무거운 짐을 내게 가져오라 하셨으면서도 네 십자가를 지고 나를 따라 오라 하셨는데 짐과 십자가는 어떤 차이가 있을까?

내가 마음먹기에 따라 바꿔 질 수 있는 게 짐이란다. 십자가는 내가 바꿀 수 없는 현실. 부모나, 자식이나, 형제는 내 의지로 바꿀 수 없다. 내가 선택한 게 아니기 때문이다.

내가 태어나고 싶어서 이 세상에 나온 게 아니고, 부모도 나를 선택하여 만든 게 아니듯이 이 현실을 노력한다고 없던 걸로 할 수가 없는 것이다. 각자 주어진 멍에를 지고 예수님을 따라 가다 보면 예수님의 십자가 보다 내 십자가가 가볍다는 걸 알게 될 것 이리라.

고통 중에도 예수님은 남의 탓을 하지 않았다.

기도는 끝까지 하느님과 대면하는 것이고 일상을 봉헌하는 것 이란다. 내 마음대로 안 되는 것을 끌어안는 게 봉헌의 삶이란다. 인간은 뼛속까지 이기적이라 현실을 마주 할 수 있는 용기가 필요하다. 머리로 정리하는 게 아니라 가슴에서 일어나는 변화가 있어야 아픔을 하느님께 기도한다는 것이다.

부활은 죽어야 이루어지는 것이다.

유혹의 다양한 모습들

악한 영은 우리로 하여금 영원한 생명을 얻지 못하게 한다.

악마가 유혹할 때는 거룩하게도 한다는 것이다. 악마는 예수님이 40일 단식을 해 심신이 허약했을 때, 빵과 권력과 권세와 기적을 일으켜보라는 식의 유혹을 한다. 예수님은, 사람은 하느님 말씀으로 살고 하느님께만 경배하고 하느님을 시험하지 말라고 응수하신다. 악마는 일단 물러갔는데 다음기회를 노린다고 했다.

우리도 항상 유혹에 노출되어 있다는 것이다.

유혹의 모습은 다양하다. ① 구체적이다. ② 선동적이다. ③ 시끄럽다. ④ 결단을 내리게 한다. ⑤ 시작, 중간, 끝이 다르다. ⑥ 자만심을 불러일으킨다. ⑦ 미래계획을 하게 한다. ⑧ 근심걱정을 하게 한다. ⑨ 육체적인 현상으로도 나타난다.

그러고 보니 내게도 악의 유혹이 많았던 것 갔다. 이런 배움의 기회가 없었다면 그런 흔들림이 악의 유혹이었다는 걸 구별하지 못했을 것이다.

악마의 파괴적인 활동 중에는 기도 방해, 거짓말, 복수, 강박증, 이간질, 폭력, 자기자랑, 절망, 자살 등이라 한다. 우리가 부정적인 생각을 들 때는 그게 악마의 짓이라고 알아야 한다는 것이다. 하느님 앞에 삶의 여정을 겸손하게 가야한다.

식별은 성령이 해주셔야 하니 흔들림이 있을 때는 주님의 기도를 하며 하느님에게 붙어 있어야 한다는 것이다.

마지막 강의는 하느님과의 일치. 하느님의 현존에 대한 것이다. 분심이 들 때는 분심자체를 하느님한테 보내는 것이 하느님 안에 머무르는 것이다.

포도 가지가 열매를 맺으려면 계속 수액을 빨아 올려야 하듯이 예수님 안에 계속 기도해야 많은 열매를 맺는다. 하느님의 현존 체험은 장엄하다, 엄위하다, 밝다, 맑다, 깨끗하다, 명료하다, 고요하다, 평화롭다, 기쁘다 등이라고 한다. 하느님이 함께 하는 동안에 느껴지는 체험들이다.

영적으로 하느님을 체험하게 되면 영적인 세계를 보게 된다고 한다. 하느님의 위안 받을 것에 머물게 아니라 하느님을 직접 만나는 여정을 가야 한다고. 예수님은 십자가에 못 박히는 여정을 가셨다. 부활을 체험하려면 예수님처럼 고난의 여정을 가야 한다.

예수님을 만나면 예수님처럼 내 자신을 다 내어 놓을 수 있다. 예수님처럼 이웃을 내 몸과 같이 사랑하게 된다고 한다. 지금 내가 가고 있는 길이 과연 예수님을 만나러 가는 여정인지 내 안을 들여다본다.

그동안의 삶이 하느님 보시기에 미덥지 않았다 할지라도, 오늘 이 순간 새로운 마음가짐을 가진다면 기쁘게 받아주실 거라는 희망을 가져본다.

하느님 현존 체험과 일상생활

하느님을 체험하게 되면 매순간 일상생활이 변화된다고 한다. 어떻게?

- 매순간 기도를 하게 되고 현재를 살게 된다.
- 하느님만으로 만족하는 삶이 된다.
- 사람들의 인정이나 칭찬 대가를 바라는 마음이 없어진다.
- 자연스레 내면으로 침묵하는 생활이 된다.
- 다른 사람에게 자기의 필요를 요구하지 않게 된다.
- 드러나지 않게 사랑을 베풀고 유순하고 겸손해진다.

하느님을 체험하면 이렇게 변화된다는데 지금 나는 어떠한 상태에 머물고 있는지 성찰해 본다. 하느님을 체험하고자 9일 동안의 침묵을 하고 있는 지금 하느님의 현존을 믿게 해 달라는 기도를 한다.

네 이웃을 너 자신처럼 사랑하라는 실천을 하고 있는지.

가장 작은이들에게 사랑을, 규칙보다는 사랑을, 재물보다는 생명을 더 소중하게 여겨야 한다는데 과연 나는 그렇게 했는가? 그렇게 하고자 노력은 했는가?

돈 있는 사람이 남을 도와주는 게 아니고, 하느님 마음을 가진 사람이 남을 도와준다고 한다. 우리 안에 귀한 하느님이 계시니 기도 안에서 하느님을 만나야 하느님 일을 할 수 있다고 한다.

하느님을 아는 분이 사랑을 실천하는 분이란다. 하느님을 진정으로 만난 사람은 자기를 드러내지 않기에 하느님만 알고 계신다. 그런데 하느님보다는 사람이 더 알아주기를 바라는 행동을 하지 않았나? 반성해 본다.

매 순간 기도하고 성경을 읽고 그 안에서 사는 노력 없이 하느님을 만날 수 없다 한다. 나는 속으로 중얼거렸다. 이런 생활은 수도자들이나 성직자들이라면 몰라도 눈만 뜨면 현실에 내달리고 발버둥 쳐야 하는 보통 사람들에게는 너무 먼일인 것처럼 느껴진다고.

각자 예수님께 사랑을 고백하란다. 나를 사랑했던 분을 알아보지 못하고 멀리서 빙빙 돌며 접근하지 못하다가 늦게야 고백하는 느낌이다.

지도 신부님은 사제보다는 하느님의 사람으로 살고 싶었다고 한다. 그러나 사제로 사는 게 더 많은 일을 할 수 있어 사제가 되었다고 한다.

주변의 가족형제 모두는 서로가 서로를 구원시키는 도구역할을 한다고 한다.

나를 힘들게 했던 모든 상황과 주변 사람들은 어쩌면 나를 단련시키기 위한 도구로 하느님이 그들을 보냈다고 마음을 바꾸니 지난 모든 것들이 감사하게 생각되었다.

이 피정 중에 내가 나를 객관화시켜 멀리서 바라보니 하느님이 나를 참 가엾게 보셨을 것이라는 생각이 들었다. 교만하고 잘난 척하고 투덜거렸을 나를.

모두들 살아내느라 애쓴다

끝나는 마지막 날에는 파견미사를 드리고 피정자 모두가 원을 그려 의자에 앉아 그동안의 소감을 발표하는 순서다. 입이 풀린 것이다.

영찰문을 쓰고 돌아가면서 경험과 속내를 발표하는 시간이다.

모든 피정자들이 예외 없이 이 피정 중에 받은 감동과 체험과 느낌을 솔직하게 털어놓았다. 일반인들이야 생활과 삶이 거의 비슷하기에 내용들도 그랬다. 그러나 우리가 보기에 천사 다음으로 거룩한 삶을 살고 있을 것 같은 수도자들의 내적 갈등과 자기 성찰을 고백하는 모습에서 오히려 더 존경스러웠다.

인간은 모두들 살아내느라고 애쓰는구나 하는 생각이 들었다. 아마도 성직자나 수도자들은 더 갈등과 번뇌가 많을 수 있겠구나. 하느님에 대해 더 많은 것을 알기에 하느님 뜻대로 살아가야 한다는 강박감도 더 있을 거라는 생각이 들었다.

내 차례가 되었을 때 내가 쓴 글을 낭송했다.

당신이 나를 사랑한다는 건 어렴풋이 알고 있었지요.
이따금씩은 그 감정을 즐기기도 했고요.

당신의 주변을 배회하면서
때로는 당신을 시험해 보기도 하고
때로는 당신을 윽박지르기도 하면서
내게 시선을 떼지 않은 당신이 부담스러워
당신이 보이지 않은 곳으로 도망가고 싶기도 했습니다.

짝사랑으로 속앓이 했을 당신에게
다가가기가 두려웠던 건
많은 의미를 함축한 사랑이라는 말을
내가 감당할 자신이 없었고 자만했습니다.

이제야 당신에게 고백합니다.
당신을 사랑합니다. 예수님!
예전에도 그랬듯이
앞으로도 저와 동행해 주십시오.

내 삶에 여정 중에 9일 동안 느꼈던 감동과 성찰이 지워지지 않고 오래도록 지속되기를 바라며 일상으로 돌아왔다.

★ 이고 지고

두 손으로 꼭 붙잡고

놓칠세라 부둥켜안고

산등선이 오르느라

앞뒤 돌아보지 못했네

지쳐 널부러진 후에야

펴 보았네.

- 보석인 줄 알았는데 돌멩이였네 - ★

7장

효소단식을 체험하다
(도미니코 수도원)

1년에 한 번씩 30년을 주기적으로 단식을 해 왔다.

집에서 혼자 맹물만 마시고 7일에서 15일 까지 했다.

가족들의 음식을 다 챙겨주고 손님 접대, 잔치까지 하면서 회사에 출근했을 때도 했다. 남편이 지독한 여자라고 했다. 내가 생각해도 독한 데가 있다. 한 번쯤은 해 보라고 남편과 애들한테 권했지만 한 끼도 거를 수가 없다고 머리를 흔든다.

단식의 종류도 많다. 간헐적 단식, 효소 단식, 기도 단식, 여러 종류가 나름의 장단점이 있다. 간헐적 단식은 직장인을 위해 금요일 저녁에 시작해 일요일 저녁까지 하는 하루나 이틀을 속을 비우는 작업이다. 기도단식은 어떤 지향과 목적을 두고 작정하고 하는 단식이다.

다른 음식은 일절 먹지 않고 효소만 먹으면서 하는 단식이 효소단식이다. 나처럼 용감하게 물만 먹고 하는 것보다야 덜 힘들 것이다. 효소단식은 어떻게 하는지 호기심으로 신청했다. 도미니코 수도원에서 수사신부님의 지도하에 한다고 해 안심이 되었다. 금요일에 들어가 월요일에 나오는 3박 4일 일정이다. 단식 중에 성체신심피정을 같이 하는 것이다. 내가 신청했다니 친구도 같이 해 보겠다고 해 같이 갔다. 친구는 단식을 해 보고 싶었지만 엄두가 나지 않아 시도를 못했다고 한다.

20여 명이 참석했는데 남자는 한 명뿐이다.

각자 자기소개와, 참석한 동기와, 단식에 대한 인식들을 돌아가며 얘기했다. 기대 반 우려 반의 표정이다.

각자에게 효소 한 박스가 탁자 위에 놓아있다. 이 기간 동안 먹어야 하는 밥인 것이다.

5~7년 발효한 500㎖의 액체 1병. 120가지 이상의 산야초를 발효시킨 것이라 한다. 해조류를 건조시킨 과립과 각종 곡물류를 건조시킨 과립. 7가지 한약재를 넣어 달인 액상 음료다.

액상 차 100㎖ 한 봉지를 10분 동안 마시라고 하니 이건 수도하는 기분이다. 미지근한 물 두 컵에 발효액 두 숟가락을 넣어 과립 한 스푼을 천천히 꼭꼭 씹어 입안에서 물이 되도록 반죽해 넘겨야 한다. 30분 이상의 식사 시간은 완전 기도하는 느낌이다.

끝날 때까지 이런 식사가 계속된다. '맛있는 간식을 먹읍시다.' 뭔가 다른 것을 주나 기대 했더니 효소액 탄 물 두 컵을 천천히 마시는 시간이다. 이 재료들은 대학교에서 공식적인 검사과정을 거쳐 공식 인정받은 제품들이다.

아침에는 일정한 시간에 일어나 1시간씩 걷기를 한다. 걸으며 자신을 돌아보고 정신없이 살았던 일상을 벗어 놓고 그야말로 자신의 내면을 돌아보는 시간이다.

하루에 3번의 식사시간과 두 번의 간식시간 이외 남은 시간들은 신부님의 성체에 대한 교육이다. 대학교수로 정년 퇴임한 부부가 봉사자로 교육에 참여 했다.

효소와, 단식과, 건강에 대한 교육은 부부가 전담하고 틈틈이 마음을 열게 하는 아름다운 영상을 보여 준다.

효소는 무슨 일을 하는가?

효소를 먹게 되면 몸에 있는 노폐물이 빠지게 되어 화장실에 자주 가게 된다고 한다. 효소는 단백질로 변화된 대사촉진제다. 엔자민(효소)이 다 파괴되면 우리는 죽게 된다.

효소는 태어날 때 받은 것 이외는 몸에서 형성이 안 된다고 한다. 그래서 어렸을 때나 젊어서는 돌멩이도 소화를 시키지만, 나이가 들수록 소화가 안 되고 몸에 기능이 나빠진다. 효소가 차츰 줄어들기 때문이다.

50대가 되면 효소가 반으로 떨어진다고 한다.

우리가 흔히 밥이 보약이라고 하는데 밥이 아니라 효소가 들어 있는 음식을 먹는 게 보약이다. 음식에 효소가 없으면 위험한 노폐물이 된다.

가공된 식품이나 생명이 없는 음식들은 그 속에 효소가 없다고 보면 된다.

효소는 각각의 맡은 임무가 다르다.

혀에서 나오는 아밀라아젤 효소는 탄수화물을 포도당으로 분해시켜 에너지를 만든다.

소화가 안 되어 독소의 세포가 분열되면 암세포가 된다.

소화를 잘 시키려면 음식을 적게 먹고 한 시간 이상 천천히 꼭꼭 씹어야 한다. 그러면 저절로 건강해진다고 한다.

몸에서 찬 것을 좋아하는 장기는 입과 목구멍뿐이다. 나머지 장기는 모두 따뜻한 것을 좋아한다. 찬 음식을 즐겨 먹는 것은 건강을 해치는 원인이기도 하다.

나이가 들면 아이스크림이나 빙수는 금물이다.

면역력의 70%는 대장에서 이루어지는데 과잉된 다당류는 소장, 대장에 쌓여 병폐를 일으킨다고 한다.

효소는 40도 이상이 되면 파괴되고 산성에 약하고 알칼리성에 강하다.

수분에도 민감한데 커피나 녹차는 소변을 배출 하게 되어 수분유지에 도움이 안 되니 너무 자주 마시는 게 좋지 않다. 수분이 모자라면 피부노화와 치매에도 영향을 끼친다고 하니 나이가 들수록 물을 자주 마시는 습관을 들여야 할 것 같다. 그러나 식사 때는 물을 적게 마시는 게 좋다고 한다. 소화액으로 음식을 소화시켜야 하는데 물이 들어가 소화액을 희석시키는 노릇을 하게 되기 때문이다. 장은 소화를 시킬 능력이 없으니 위에서 충분히 소화를 시켜 보내야 한다니 침이 나오도록 씹는 게 중요한 것이다. 때로는 껌을 씹는 것도 도움이 된다고 한다. 그러고 보면 현대인의 식습관은 건강을 해치는 것들만 즐겨 하는 추세다.

앞으로 후손들의 건강이 걱정된다.

인체에 효소의 작용은 ① 인체에 대사를 돕고 ② 소화를 돕는다. 효소는 체내에서 만들어 나오는데 파괴되면 형성이 안 된다. 파괴를 늦추려면 음식으로 효소를 섭취해야 한다. 효소는 살아있는 자연식에 있기에 우리의 먹을거리가 중요한 것이다.

효소는 비타민, 미네랄, 천연소금 등에 많이 있다. 너무 싱겁게 먹어도 몸에 염증이 더 심하게 생긴다고 한다.

소화효소는 나아가 들면 급격히 떨어지지만 대사 효소는 서서히 떨어짐으로 관리를 잘 하면 120세까지 살 수 있다고 한다.

살아있는 음식이 사람을 살린다

숙변이 부패되면 독소가 쌓이고 장벽에 손상이 오게 된다. 몸에 독성이 누적되면 조직과 세포까지 중독이 되어간다. 그러면 당연히 면역력이 떨어지게 되고 암이나 감염자가 면역증이 발생하게 된다. 누구나 상식으로는 알고 있지만, 실천이 안 되는 식습관이 문제다. 불에 구워먹는 고기류는 소화가 잘 안되어 배설이 안 된다. 과실이나 야채를 생식으로 먹으면 완전 소화가 되어 배설이 쉽다는 것은 안다. 그러나 우리는 몸에 좋은 음식보다 입에 좋은 음식을 찾게 된다.

또한 우리의 건전한 식생활을 위협하는 것 중에 대다수는 산업적인 식품 광고와 무분별한 상업적 광고다. 우리 건강을 위한 광고가 아닌, 기업들의 이익 추구를 위한 막대한 로비와 어마어마한 자금을 들인 광고 마케팅에 소비자들은 세뇌되어있다. 이제는 소비자가 현명하게 구별하고, 판단하고, 스스로를 지키지 않으면 사는 동안 병치레만 해야 되는 세태다.

공장에서 만들어진 생명력이 없는 음식을 건강식으로 둔갑시킨다. 빨리 만들어서 빨리 먹게끔 많이 생산해서 많이 먹게 부추긴다. 입에는 달고 목에는 부드럽게 만들어 씹을 필요가 없게 하고, 인체에 해로운 화학첨가물은 넣어 오래 유통하게 한다. 삼겹

살이나 지방이 많이 든 부드럽고 맛있는 부위만을 찾게 만드는 소비촉진도 문제다. 성장촉진제나 항생제를 주고 다량 밀식한 동물들의 스트레스 쌓인 고기를 먹어야 하는 소비자들의 건강은 기업들이 책임질까?

농약과 제초제로 오염시킨 과일과 야채도 우리의 건강을 위협한다.

보기 좋은 것과, 입에 먹기 좋은 것만 찾는 소비형태가 문제인 것이다.

우리가 먹는 모든 음식에는 공장에서 나왔든, 과일이든, 야채든 약간씩은 자체 내에 독성을 가지고 있다. 이 독성을 빼내야 하는 작업이 단식 과정이기도 하다.

영상에서 보니 건강한 사람의 위는 다홍빛을 띠면서 아름답게 보이는데 건강하지 않은 사람의 위는 거무스레 하다. 건강한 위를 만드는데 식생활과 생활습관이 큰 영향을 끼친다. 우리가 사약을 먹으면 죽듯이 내가 건강하게 살려면 건강한 음식을 먹어야 하는데 기업주들은 자꾸만 자기들의 공장에서 나온 음식을 먹으면 건강해질 것처럼 돈 들여 광고한다.

우리가 상식처럼 알고 있는 것들도 대부분 광고에 세뇌된 것들이 많다.

장을 위해 요구르트를 먹어야 한다느니, 칼슘을 보충하기 위해 우유를 마셔야 한다느니, 과일은 살찌니 비타민을 먹어야 한다느니, 수분을 녹차로 섭취한다느니, 수돗물은 반드시 끓여 마셔야 한다느니 등등.

미국인들은 우유를 물처럼 마시지만 우리보다 골다공증이 더 많다고 한다. 우유는 7세 전에는 우유를 소화시키는 효소가 나오지만 7세가 넘으면 효소가 나오지 않아 소화를 시킬 수 없어 설사를 하는 사람이 많다. 녹차는 열이 있는 사람에게는 도움이 되지만 몸이 차가운 사람에게는 더 차갑게 한다.

효과가 빨리 나타나는 약일수록 독성이 강하다. 우리 몸은 4개월마다 세포 전체가 바뀐다고 한다. 우리가 어떤 음식을 먹느냐에 따라 앞으로의 몸이 건강해지는지 더 나빠지는지 음식이 결정하게 된다.

세포는 오늘도 계속 교체되어가고 노화되어간다. 먹는 것에 따라 독이 쌓이기도 하고 독이 풀어지기도 한다.

새로운 건강한 세포를 만드는 것은 오늘 우리가 먹는 음식의 결과이다.

내가 단식 애호가가 된 이유

우리의 몸에는 하루에 3,000개의 암세포가 만들어 지지만 몸에 있는 경찰세포가 암세포를 잡아낸다. 잡지 못한 것은 10~15년 정도의 시간이 지나면서 자라면 1㎝ 크기가 되고 그제서야 암을 발견하게 된다. 암 치료를 위해 항암제 방사선 수술 등을 하는데 부작용이 심하다. 일본 의사 270명은 암에 걸린다면 이런 행위를 안 하겠다고 했다 한다.

모든 세포가 신진대사가 잘 되어 노폐물을 잘 걸러내면 이런 문제들이 없을 것인데 우리는 입에 맛있는 음식을 계속 몸에 밀어 넣는 꼴이다. 독소를 저장하게 되고 빼 주지를 않으니 그 독성이 몸에 퍼질 수밖에 없다.

내가 처음 단식을 했을 때 기억만 해도 몸이 떨린다. 그때는 40 대 중반쯤이었고 먹성이 좋은 나는 열심히 잘 먹었다. 회사의 여름휴가를 이용해 시도한 단식은 맹물만 마시고 집에서 굶었다. 6일째가 되면서 온몸에서 나오는 악취는 시궁창보다 더했다. 몸 구멍구멍마다 털구멍까지 악취를 뿜어냈다. 온몸에 끈적끈적 진액이 나오고 샤워를 아무리 해도 악취가 풍겼다. 입안에서 나오는 냄새로 구토증이 났다. 까맣게 나오는 숙변은 왜 그리 끈적이던지 고약 같다. 그 지독한 냄새라니, 내 몸이 이처럼 더러운 것을 안고 살았다니. 단식 이후에 나는 어떤 것도 더럽다 여기지 않게 되었다. 해마다 단식을 했다. 세 번째를 하고 나니 냄새가 적어지더니 여러 번 할수록 적게 났다. 이제는 별로 냄새가 나지 않는다. 물론 음식도 많이 달라지고 체질도 바뀌었다. 지금은 공장에서 나온 것들은 잘 먹지 않는다. 입에 맞지 않고 역겨워져 음료수도 마시지 않게 되었다. 그래서인지 젊어서 보다 건강해진 것 같다. 애들은 그만 하라고 성화다. 나이가 있으니 잘 먹어야 된다고 하는데 애들이 말하는 잘 먹는 것과, 내가 잘 먹는 것은 음식 대상이 다르다.

단식의 좋은 점은 위를 쉬게 하고 다른 효소가 일을 하게 하는 것이다. 암 같은 치명적인 병을 예방하려면 채소나 과일을 주식으로 먹고 부족하기 쉬운 영양소를 보충하고 주기적으로 몸을 해독해야 한다.

서양인은 육식 위주의 식사를 해도 창자 길이가 짧고 배출이 빨라 몸에 독소가 덜 쌓이지만, 농경사회의 유전자를 물려받은 동양인은 창자의 길이가 길어 육식을 했을 경우 몸에 독소가 더 많이 쌓인다고 한다. 요즈음 대장암이 많이 생기는 원인이기도

하다니 참조할 일이다.

완전하게 소화시키지 못한 것은 만병의 원인이라 한다. 위가 나쁜 사람에게 죽을 먹게 하거나, 병원에 입원하면 툭하면 죽을 먹이게 하는 것도 인체구조를 무시한 일이라 한다. 죽을 먹으면 씹지 않고 그냥 삼키게 되어 소화액이 나오지 않게 되어 위장기능을 더 약하게 한다는 것이다.

70번 이상을 씹게 해 소화효소가 충분히 나와 입안에서 죽이 되도록 해야 한다. 씹는 행위는 치매도 예방되고 뇌도 활성화 시킨다니 이제는 먹는 것에 집중해야 할 것 같다. 동물들은 몸이 아프면 먹지 않는다. 2주 정도 버티다 면역력이 있으면 살아나고 없으면 죽는다. 그게 자연의 방식이다.

인간도 동물이다. 의사가 없어야 건강해진다는 말이 있다. 상업적인 의사가 건강을 망치는 경우가 많아서일 것이다.

몸도 마음도 가벼워져

체온을 1도 높이면 면역력이 10배 오른다고 한다.

모두들 체온을 높이기 위해 노력하지만 쉽게 오르지 않는다. 나이가 들수록 체온이 내려간다.

운동과 반신욕을 하라고 권한다. 차가운 성질의 음식보다 열을 내는 음식을 먹는 게 좋을 것 같다. 인삼, 생강, 계피, 부추, 양파, 마늘, 달래 등 나를 살리려면 생명이 있는 살아 있는 것을 먹어야 한다, 공장에서 만들어진 생명이 없는 것을 먹으면 나를 서서히 죽이게 된다. 그동안 잘 먹어야 한다는 광고용의 말을 따르지 말고, 탄수화물, 지방, 단백질을 줄이고 효소를 많이 가지고 있는 자연식을 늘리면 균형 잡힌 건강을 유지할 것이다. 커피 관장으로 독소를 빼내면 한결 수월해진다고 한다. 그래서인지 첫 날 단식 시작하기 전에 구충제와 관장약을 주었다. 밥을 안 먹게 되면 몸에 있는 기생충들이 요동을 쳐 구토증을 일으키기도 한다. 우선 관장으로 몸에 독소를 빼내면 효소 식에 더 효과적이라 한다. 모든 기관을 만져주어 말랑말랑하게 만들어 순환이 잘 되게 하라고 한다. 신체에 접히는 부분을 자주 만져주고 손가락, 발가락도 만져주어 부드럽게 해야 한다고. 사람이든, 근육이든, 마음이든, 굳어 있으면 건강한 상태가 아닌 것이다.

클래식 음악을 들으면서 30분 이상 천천히 먹으면 적게 먹어도 배가 부른다.

고기를 많이 먹는다고 스테미너가 좋아지지는 않는다. 고기를 많이 먹을수록 노화를 촉진한다. 그래서 서양 사람이 동양인보다 더 나이 들어 보이는 걸까?

근육을 단련시켜야 힘이 생긴다고 하니 나이가 들수록 근육운동도 중요하다.

내장지방은 가장 늦게 빠지는데 내장지방이 빠지면서 모든 장기가 제 자리를 찾아간다. 그러면 신진대사가 좋아지고 혈액이 맑아져 면역력이 높아진다고 한다.

생식은 소화과정에서 효소화 되어 좋다. 생식을 하는 동물들은 사람들보다 온도가 높다는 것이다. 우리가 즐겨 먹는 동물지방은 인체에서 녹아 배출이 되지 않는다고 하니 비싼 삼겹살이나 꽃등심을 살 때는 여러 번 생각할 일이다. 오히려 거칠고 맛없고 질긴 음식이 우리 몸에는 이롭다.

음식 중에는 발효식품인 우리나라 전통음식이 가장 좋은 음식이다. 몸에 오래 쌓인 숙변을 빼내려면 미역, 다시마, 김, 같은 해조류를 많이 먹어야 한다. 우리가 위장약을 오래 먹으면 오히려 위가 더 나빠지는 것은, 위는 강산성인데 식도는 알칼리성이라 충돌을 일으키기 때문이다.

　자연에 순응하면 병 없이 살 수 있는데 문화적이라는 현대인은 자연을 거스르고 살기에 병이 많이 생긴다. 해 뜨면 일어나고, 해 지면 자고, 자기 4~5시간 전에는 음식을 먹지 말아야 하는데 지금은 밤낮을 거꾸로 사는 환경이라 더 문제가 많다.

　이번 효소단식은 교육과 같이해 좋은 시간이었다. 이틀을 집에서 더 효소단식을 하고 보식을 20일간 해야 하는 일정이다. 이 기간에도 하루 두 끼는 효소식이다. 점심만 자극성이 없는 음식으로 맵고 짠 것은 피하고 담백하고 슴슴하게 먹어야 한다. 단식보다 보식이 더 중요하고 어렵다. 보식을 잘못하면 치료하기 어려운 병을 얻기 때문이다. 지인들과의 모임과 식사약속에 음식을 쳐다만 보고 참아야 하는 절제력이 필요한 것이다. 몸은 가볍고 정신이 맑아지는 듯하다.

8장

나를 찾아 떠나다
(용주사 템플스테이)

정조대왕이 모셔져 있는 용주사

불교에서 하는 템플스테이를 신청했다.

꼭 하고 싶은 프로그램이다. 어지간한 큰 절에는 프로그램이 있는데 조금씩 달랐다. 휴식형, 체험형, 일일, 1박 2일, 2박 3일이다. 나는 2박 3일 체험형을 신청했다.

용주사를 택한 것은 다른 절하고는 다른 이유도 있고 화성시에 있어 교통이 편해서다. 수원에서 버스를 타고 들어갔다.

정조대왕이 아버지인 사도세자의 영혼을 위로하기 위해 터만 있던 용주사를 재건한다. 조선은 유교국가라 절을 새로 지을 수는 없었지만 있던 절이 허물어졌을 때는 다시 재건 할 수 있었다.

원한이 많았을 부모를 자리가 좋다는 융릉으로 옮기고 넋을 위로하기 위해 이곳 절에 모셨다고 한다. 낙성식 전날 밤에 정조 임금의 꿈에 용이 여의주를 물고 승천하는 꿈을 꾸어 용주사(龍珠寺)라고 했다고 한다. 그런 연유로 '효찰대본산'이라는 수식어가 붙

내가 만난 하느님

었다.

3시에 만나서 인사를 하고 안내를 받았다. 큰 방에 여자는 여자끼리, 남자는 남자끼리 합숙한다. 20여 명이 왔다. 남자는 일곱 분이다. 구성은 다양하다. 만삭인 부부는 아내가 미국인이다. 금방 해산할 것 같은데 오고 싶어서 참여했다고 한다. 용감하다. 딸과 같이 온 사람. 남매가 같이 온 사람. 남자들은 대부분 문제가 있어서 온 사람들이다. 그중에 내 나이가 제일 많다.

다 모이니 용주사 설명을 한다. 다른 절에 없는 홍살문이 있는 건 왕의 위패가 모셔져 있으니 경건하게 지나도록 하라는 의미다. 일본의 사찰 느낌이 든다. 어느 절이나 큰 종이 있다. 이곳의 범종은 만든 사람이 누구인지 모르지만 국보급이라 한다. 종의 종류를 구분할 때 서양종, 동양종, 코리안벨 세 종류로 구분한다. 우리나라 종은 다른 종에 비해 만드는 기법이 다르고 종소리가 다르기 때문이다. 서양종은 귀로 듣는데 우리나라 종은 마음으로 듣는다 한다. 종을 만드는데 얽힌 전설도 많다. 그만큼 정성과 혼이 들었다는 말일 것이다.

효행박물관도 있다. 정조대왕이 기증한 부모은중경이라는 그림 글씨와 불교에 대한 보물급들이 보관되어 있다.

어느 절이나 비슷하지만 절 한쪽에는 산신과 칠성을 모시는 집이 있다. 부처님의 가르침과는 전혀 상관이 없는 곳이다. 빌기를 좋아하는 우리네 조상들이다. 집에서 모시던 신들이 이곳에 모셔있으니 자연스럽게 절에 오게 되고 거부감이 없이 부처를 받아들인 것이다. 토속신앙과 불교의 결합으로 무속인들이 부처의 가르침과는 다르게 미신화 시키고 있는 원인이지 않을까 생각해 본다.

음식의 소중함을 알게 하는 절에서의 식사

절에서의 생활은 규칙이 엄격하다.

5시에 저녁을 먹는다. 음식은 뷔페식으로 정갈하게 준비되어 있다. 모두 그야말로 건강식이다. 생선이나 고기종류는 없다. 음식은 남기지 말고 먹고 난 후에는 그릇을 씻어 제자리에 놓아야 한다. 먹기 전에 음식이 담겨진 접시를 들고 감사의 합창을 한다. 벽에 붙어있는 오관게를 소리 내어 읽는다.

이 음식은 어디에서 왔는고?
내 덕행으로 받기가 부끄럽네.
내 마음의 온갖 욕심 버리고
몸을 지탱하는 약으로 알아
도업(행복)을 이루고자
이 공양을 받습니다.

밥을 먹을 때마다 이 문구를 소리 내어 읽어야 한다. 참 좋은 내용이다. 음식을 만든 사람과 농부들의 노고에 감사하는 마음이다. 음식을 낭비하거나 함부로 버리는 일은 우리가 쉽게 짓는 큰 죄일 것이다.

우리를 지도하는 스님은 법명이 도정이다. 눈이 맑고 음성이 차분하다. 30년 넘게 벽만 보고 명상하며 기도하고 깨달음을 얻었다고 하니 대단하다. 중학교 때 거지들이 부러워 거지가 되고자 몰래 가출을 했단다. 거지들의 삶이, 아무런 걱정도, 얽매임도 없이 자유로운 삶인 듯 보였다 한다. 처음엔 받아 주지 않아

3일 동안을 거지 굴에 서 있으니 배고파 쓰러지기 직전에 거지로 받아주었다나. 그러나 직접 본 거지들의 생활은, 하루 종일 먹을 것, 잠잘 것만 걱정하는 게 결코 자유로운 게 아니라는 걸 알고, 보름 만에 집으로 돌아 왔다. 고등학교 2학년 때 큰스님의 설법 녹음테이프를 듣다가 '이거로구나' 싶어 중이 되고자 송광사에 찾아갔다. 중이 되는데도 고등학교 졸업장이 있어야 했다. 다시 돌아와 고등학교 졸업장을 받은 그날로 절에 들어갔다고 한다. 스님의 말로는 이 세상에 태어나 중이 되는 것보다 더 좋은 게 없다고 하신다. 그 스님은, 중으로서의 삶이 넘치도록 환희에 찬다는 의미다. 대 자유를 갈망했던 꿈을 이루었다는 것이다. 물질과, 명예와, 영혼과, 육체에 얽매이지 않은 대 자유로움. 부럽다.

요즈음 우리에게 보이는 불교계의 추태는, 권력과 명예욕에 부처의 가르침을 잃어버린 중들의 추한 모습일 것이다. 하기야 예수님을 믿는다는 성직자들의 추태도 만만치 않다.

절하는 데도 법도가 있다

절의 템플스테이는 정부에서 권장하는 상품이다.

외국인들의 불교에 대한 호기심과, 자기들과는 다른 문화에 대한 관심이 무척 많아져서다. 그래서인지 외국인 대상으로 하는 프로그램도 있다. 강의실 양옆에는 '참다운 인연', '소중한 만남'이라는 걸개가 걸려 있다.

절(寺刹)하면 먼저 떠오르는 게 절이다. 저녁을 먹고 처음 만나 인사를 해야 해서 절하는 법을 가르친다. 절하는데도 규칙과 법도가 있다. 발을 X자로 가지런히 모아 엉덩이를 받치고 손을 공손하게 바닥에 댄다. 이마가 땅에 닿으면 양손을 손바닥이 하늘로 향하게 하여 약간 들어 올려 귀에 닿을 듯이 한다. 그리곤 천천히 일어선다. 스님에게는 최대의 경의를 표해야 해서 세 번을 한다. 일반 사람에게는 한 번, 돌아가신 분에게는 두 번을 하는데, 스님은 깨달은 분이라는 의미로 세 번을 한다.

각자 이름표를 주었다 그 옆에 자기가 듣고 싶은 한글 이름을 적으라는 숙제를 주었다. 나는 '온누리'라고 적었다.

한사람씩 나와서 자기를 소개하고 한글 이름에 대한 설명과 이곳에 오게 된 사연들을 발표한다. 말하는 사람이 끝나고 다음 사람을 지명하게 되는 순서다. 큰 방석 위에 앉고 보니 무언가 존중받는 느낌이다. 그러나 그 방석은 엎드려 절하기에 안성맞춤이다. 한사람이 나오면 모두 일어나 큰절을 한다. 스승으로 대접하겠다는 의미다. 그러다 보니 진지해진다. 자기를 소개하고 우리말 이름에 대한 의미를 설명한다. 여자들의 사연은 거의 대동소이하다. 그러나 남자들의 사연은 구구절절하다. 하기야 이곳에 오게 된 남자들의 심정은 알만하다. 어디에서도 위로받지 못하고, 지치고, 힘들고, 치유 받고 싶은 마지막 도피처로 여기에온 사람들일 게다.

사업에 실패한 사람, 전 재산을 사기 맞아 가정이 파탄직전인 사람, 직장에서 밀려난 젊은이, 갑작스런 병으로 죽기 직전까지 간 사람. 그동안 앞만 보고 열심히 살았다고 생각했는데 주변에 사람이 없고 혼자 남았더라는 사람.

나는 천주교 신자임을 당당히 밝혔다. 이곳에 다양한 사람이 오지만 대부분 불교 신자다. 그러나 나처럼 호기심이 많은 일반

사람도 온다. 개방되어 있어 이질적이지는 않았다. 나는 예수님을 믿지만 내 몸에 흐르는 동양적인 사상을 거부하지 않는다.

서양인들의 의식은, 자연을 지배하는 경향이지만, 동양인은 인간이 신의 피조물임을 받아들이고 자연과 더불어 산다. 그야말로 친환경적이다.

육체보다는 영혼을 더 중요시 여겼다. 그 모습이 하느님이 원하는 모습일 것이라는 생각을 했다.

명상기법을 배우다

내가 체험형 템플을 신청한 것은 명상하는 방법을 배우고 싶어서다.

기도 할 때 잡념이 많이 든다. 정신을 집중해서 기도 하고 싶은데 그게 쉽지 않다.

숨을 코로 들이 쉬고 소리를 내지 않고 천천히 코로 내뱉는다. 3초간 들이쉬고 5초간 내뱉는다. 다만 코는 귀에 들리지 않게 쉬려고 노력하고, 귀는 코의 소리를 들으려고 집중한다. 눈은 감지도 말고 크게 뜨지도 말고 어디에 초점을 맞추지도 않는다. 다리는 가부좌를 하고 허리와 목과 머리 정수리가 일직선이 되게 한다. 손은 엄지손가락이 네 번째 손가락에 닿도록 힘이 들어가지 않게 접어 살짝 쥐어 양 무릎위에 얹는다. 혀는 말아서 입천장에 붙인다. 명상에 들어가는 기본자세다.

머리에 스쳐가는 모든 생각들이 그냥 지나가게 한다. 그곳에 머물지 말고 오직 숨 쉬는 곳에 집중한다. 들숨과 날숨에 집중하다

보면 다른 생각을 할 틈이 없다. 온전히 자신에게 집중하게 된다. 이 명상에 훈련이 되면 자신의 참자아를 발견하게 되고 내가 누구인지의 본질을 깨닫게 된다고 한다. 그 깨달음을 얻은 자 누구나 부처가 된다는 게 불교의 교리다. 스님이 말한다. '불교는 종교가 아니라 수행자의 집단이다'라고. 모든 사람들이 자신의 본질을 깨달아 부처가 되고자 하는 수행과정을 사는 게 중이란다. 문제는 그 깨달음에 이르는 과정이 쉽지가 않다.

깨달음의 안내서가 법구경이고 팔만대장경이고 각종 기도서란다. 다만 그 모든 것은 달을 가리키는 손가락에 지나지 않는다고 한다. 달을 보려면 달을 보면 되는데 사람들은 손가락만 보고 있다는 것이다. 달은 아무 데나 있는데 온전한 달을 보지 못하는 것은 내 마음이 흔들려서란다. 물이 잔잔하면 그 안에 비치는 달이 온전하게 보이는데 물이 흔들리면 그 안에 비치는 달이 흔들려 보인다. 그러나 달의 실체는 그대로 있다. 우리가 지나간 허상과, 아직 오지도 않은 미래에 대한 허상으로 지금에 처한 자신의 실체를 바로 보지 못하고 있다. 모든 괴로움과 분노와 욕망은 허상이 가져다주는 결과이다. 이 허상을 지울 수 있다면 지금 현재의 자기 모습을 볼 것이다. 그렇게 되면 세상의 어떤 잡음에도 흔들리지 않을 것이다. 온전하게 달의 모습을 볼 것이다. '존재하지 않은 것에 집착하지 말고 지금을 놓치지 않고 충실하게 살아가는 게 자아를 찾는 것이다' 하는 강의를 해 주었다. 스님의 말은 강의라고 하는 게 아니고 설법이라고 하던가. 모든 생명은 소멸된다. 살아 있는 건 지금이다. 살아 있는 자만이 자기의 영혼을 개선 할 수 있는 기회를 가진다는 말이 가슴에 남았다.

내가 만난 하느님

기공체조는 어려워

절 안에는 사도세자의 부인인 혜경궁 읍혈륜 문학비가 세워져 있다.

이곳이 사도세자와 부인 정조대왕의 위패가 모셔져 있는 곳이라 혜경궁 홍 씨가 남편 사도세자를 애도하는 글을 여기에 세운 것일 게다. 아내로서의 그 심정이 얼마나 가슴 아렸겠는가. 아들 정조를 왕위에 오르게 하기 위해 모든 슬픔을 감수하며 대가 샌 시아버지 영조 앞에서 눈물을 삼켜야 했던 여인. 남편의 부도덕한 면을 글로 적어 남긴 게 유일한 기록이다. 당시에 모든 기록은 다 없애고 이 기록만 남긴 건 정치적인 음모라고 하는 역사학자도 있다. 당파싸움에 자기 집안을 지키려고 택한 혜경 홍 씨의 고차원의 계산이었다는. 당사자 이외에는 알 수 없는 일이지만, 잔글씨로 쓰여 있는 글을 읽으니 마음이 슬퍼졌다.

기공체조를 배웠다. 온몸에 힘을 빼고 호흡에 맞추어 몸을 움직이는 체조인데 우리의 전통 무술인 택견과 비슷하다. 나는 손발에 힘이 들어가 유연하게 움직이지 않는다. 그러나 스님은 나비가 춤추는 듯하다. 온몸이 물 흐르듯이 자유자제로 유연하게 움직인다. 아무래도 금방 익숙해지기는 어려울 듯하다. 보기에는 간단한 것 같은데 막상 해보니 많은 연습이 필요하다. 기의 움직임은 생사를 가린다는데 초보자에겐 시간이 필요했다.

새벽 4시에 일어나 기도하고, 여섯 시에 아침을 먹고 쉬었다가 다시 시작하는 일정으로 좀 여유가 있다. 저녁에도 시간 맞추어 6시에 저녁을 먹고 다시 일정을 한다.

저녁에는 벽을 바라보고 명상하는 시간을 가졌다. 침묵. 숨소리도 들리지 않는다. 명상 속에 빠지면 시간과 공간을 초월한다는데 그 정도까지 도달 하지는 않았지만, 마음은 평온해지는 것 같다. 수련시간이 지나자 스님은 뽕잎차를 손수 내려 전체 수련생에게 따라 주었다. 대화의 시간이다. 궁금한 것을 물어보고 각자의 느낌을 얘기하는 시간이다. 불교에서 말하는 '화두'에 대해 물었다. '이것이 무엇인 고'에 대한 경상도 말로 '이뭐꼬'가 화두에 근본 물음이란다. 다른 잡념을 없애기 위해 이것이 무엇인가에 대한 생각에 온 정신을 집중하다보면 불현듯 현문우답 같은 깨달음이 온다고 한다. 큰 병을 앓으면 작은 병에 신경이 쓰지 않듯이 한가지의 물음에 집중하다보면 작은 걱정거리가 없어지는 것과 같은 이치라 한다.

모든 세속을 떠나서 수행하는 사람은 가능할지 모른다. 그러나 우리는 일상이 치열한 싸움이고 난장판인 삶속에서 살아간다. 이런 와중에 자아의 본질을 찾아 지켜내는 일이 쉽지만은 않을 것 같다. 어쩌면 세속에 우리가 더 수행하고 사는 게 아닐까 하는 생각이 든다.

눈이 있어 감사했던 시각장애인의 체험

새벽 4시에 일어나 스님의 염불을 듣고 108배 절을 하는 시간이다.

스님의 말씀이다. 절에 들어와서 천 번의 절을 해도 공이 안 되는 절이 있고, 단 한번을 해도 공이 되는 절이 있다고 한다. 쇠로 만든 부처나, 나무로 만든 부처나, 흙으로 만든 부처의 형상에 절을 하면 아무 소용이 없다는 것이다. 본연의 자아를 찾아 하는 절이 공이 되는 절이라고 한다. 쇠나, 나무나, 흙으로 만든 부처의 형상은 불에 녹아버리고 타버리는데 진정한 자아는 영원불변하기에 변하지 않은 자아를 찾아야 한다는 것이다. 나는 내 안에 자리하고 있는 영원한 영혼을 위해 절하는 마음으로 시작했다.

각자 앞에 염주 알이 27개 놓여있다. 4번 절하고 염주 알을 하나씩 끼운다. 그 알이 다 끼워지면 108배가 되는 셈이다. 처음엔 무릎에 힘을 주고 일어나려니 힘이 들었다. 하다 보니 요령이 생겼다. 무릎에 힘을 주는 게 아니고 손에 힘을 주어 일어나니 한결 쉬웠다. 스님이 계속 죽비를 내리쳤다. 그때마다 다시 절을 해야 한다. 염주 알이 하나씩 끼워져 가는 게 재미있다. 성취감도 느낀다. 처음엔 힘들더니 할수록 몸이 가벼워졌다. 등산도 처음 20분이 힘들지 그 시간이 지나면 몸이 적응하여 잘 걷는 것과 같은 이치리라. 탈락자 없이 모두가 다 끝냈다. 염주 알은 그 자리에서 손에 걸 수 있는 염주로 만들어 차게 했다. 나는 기념으로 가지고 왔다.

산행을 나섰다. 옆에 있는 산길을 아침이슬을 체며 걸었다. 새소리와 나무향이 상큼하다. 한참을 가다 섰다. 모두 한 줄로 서 앞에 있는 사람의 어깨를 마사지 해 주란다. 내 길을 안내할 사람이니 잘 부탁한다는 의미란다. 나는 제일 앞에 서 있다. 어디에 서든 나는 앞자리에 앉거나 선다. 그래야 잘 들을 수 있고 분심이 생기지 않아서다. 가지고 온 수건으로 눈을 가리게 했다. 소경이 되어 앞사람의 어깨를 잡고 산길을 걷는다. 나는 스님의 손을 잡았다. 따뜻했다. 보이지 않는 산길을 더듬더듬 걸었다. 귀로 코로

발로 있는 그대로를 느껴보란다. 눈이 보이지 않으면 대신 다른 기관이 더 예민해 진다고. 비틀, 휘청, 시각장애인의 애로를 느낀다. 그동안 눈이 보인다는 게 얼마나 감사한지를 모르고 살았다. 안내자가 중요함을 알았다. 내가 보이지 않은 세상을 걸어갈 때 좋은 안내자를 만나야만 안전하게 험한 길을 헤쳐 갈 수 있다는 걸. 그 안내자가 예수님일 수도 있고, 부처일 수도 있고, 스승일 수도 있다. 또한 나도 누군가의 안내자일 수 있다. 눈가리개를 때라고 해 눈을 떴을 때는 파묘(破墓) 자리다. 살아 있다가 죽어 묻혀 있다가 썩어서 집을 옮긴 자리. 스님은 이 파묘에 대한 긍정적인 대화를 준비해 두라고 한다.

내려오면서 풀잎을 따 풀피리를 불어 주는 스님이 멋져 보인다.

마음을 청소하는 시간이었다

마지막 헤어지는 날이다. 100g에 12만 원 한다는 금로차와 예쁜 송편이 준비되어 있다. 산에 갔을 때 숙제였던 파묘에 대한 소감과 느낌을 돌아가면서 애기하는 시간이다.

내 차례다. 내게는 많은 걸 생각하게 하는 장면이었다. 그동안의 삶이 소멸되어 가는 것에 집착하며 살아왔던 게 아닌가. 변하지 않은 진리는, 살아있는 모든 것은 소멸된다는 것을 받아들이지 않고, 현실에 너무 몸부림치고 살았던 게 아닌가 하는 생각이 들었다. 진리가 너희를 자유롭게 하리라는 성경 말씀을 깊이 깨달은 것 같다.

스님이 이야기를 하신다.

어느 대감이 네 명의 부인을 두었다. 첫째 부인은 어릴 때부터 부모가 정해준 부인이라 항상 같이 있었다. 둘째 부인은 너무 예뻐서 애지중지 아꼈다. 남 보이기 아까워 집안에다만 놓고 어디 나가지도 못하게 했다. 셋째 부인은 무덤덤한 사이라 별 관심이 없었다. 넷째 부인은 궂은 일만 시키고 하찮게 여겨 하녀처럼 부려먹기만 하고 부인으로서 대우도 안 해주니 어디에 있는지 없는지도 모르게 지냈다.

세월이 지나 이 대감도 죽을 때가 되자 혼자 가기가 두렵고 무서웠다. 첫째 부인한테 같이 가 주겠느냐고 물었다. 그동안 같이 살아준 것도 지겨운데 같이 갈 수 없다고 딱 거절했다. 가장 사랑했던 둘째 부인한테 갔다. 그동안 집에서만 살았는데 이제는 세상 구경도 하면서 살겠다고 단칼에 거절했다. 별수 없이 셋째 부인한테 청했다. 그 부인역시 거절했다. 평소에 자기와 가깝고 챙겨주었다고 생각했던 세 명의 부인한테 거절당하니 낙심했다. 넷째 부인에게는 그동안 해 준 것도 없고, 염치도 없어 차마 말을 할 용기가 없었다. 그러나 무섭고 불안했다. 그동안의 일을 넷째 부인한테 모두 얘기했다. 다 듣고 있던 부인이 '내가 같이 가주겠다'고 한다.

'나는 당신이 태어나기 전부터 같이 있었고 언제 어디서나 같이 있었노라'고.

첫째 부인은 몸이다. 둘째는 돈, 명예이고, 셋째는 가족이다. 넷째 부인은 마음이라고 한다. 그동안 우리는 가장 중요한 마음은 챙기지 않고 겉으로 드러나는 화려한 것들에 심취해 인생을 낭비한다는 것이다.

이 세상을 불교 용어로는 사바세계라고 한다. 그 의미는, 인간은 모두가 부족하고 모자란 사람들이다. 그러니 서로 참고, 용서하고, 사랑하면서, 살아야 한다는 것이다.

끝나면서 서로 소감 발표를 했다. 어두운 얼굴로 온 사람들의 표정이 모두들 밝아졌다. 특히나 내 옆에 있던 청년은 내가 격려와 용기를 주어 새롭게 시작할 힘이 생겼다며 감사하다고 했다. 나는 염불을 우리말로 고쳐서 하는 게 좋을 것 같다는 건의를 했다. 뜻이 좋아도 듣는 사람이 이해하지 못한다면 무의미할 것 같다고.

마음을 청소하는 좋은 시간이었다.

9장

신을 만나러 가다
(예수회 말씀에 집 피정)

나를 찾아 가는 길

세상이 만들어진 이후에 인간의 본질인 신에 대한 갈망과 보호를 받고자 빌었던 게 인류 역사의 시작일 것이라는 생각을 해 보았다.

다른 동물에 비해 취약점이 많은 인간의 나약함 때문에 절대자의 보호가 절실히 필요했을 것이다. 미개사회일수록 육체의 보호가 필요했고, 살아내야 하는 생계가 불안했기에 절대자의 힘에 의지하고픈 갈망이 많았을 것이다.

그러나 지금, 인간의 지능이 창조주의 영역까지 침범하고 있는 과학문명의 시대에 인간은 신보다 인간을 우상화 해 가고 있다. 아니, 이미 과학 우상화로 신을 무력화 시켰고, 신에서 멀어져간 인간들은 외롭고 피폐하고 희망보다는 절망을 더 느끼며 살아간다.

그동안 종교인들이 신의 뜻과는 달리, 인간의 뜻대로 각색하고, 기업화하고, 정치적으로, 상업적으로 이용한 결과일 것이다.

내가 만난 하느님

인간에게 실망이 커질수록 신을 찾고 그 뜻을 실천하며 사는 사람들의 모습이 더 고귀하게 느껴진다. 신을 만나러 가는 길을 안내하는 사람들.

성직자, 수도자, 설교자, 다양한 부류들이 있지만 내가 찾은 곳은 수도원이다. 수도원도 설립의 목적에 따라 운영방침이 다르다.

수원에 있는 예수회 수도원에서 10일 동안의 영성피정을 신청했다. 다른 여러 피정에서 하느님을 만나는 과정을 체험해보긴 했지만 이냐시오 성인의 영성피정을 알고 체험하고 싶었다.

예수회 신부들의 머릿속에 무엇이 들어 있는지 하느님도 모른다는 우스갯소리가 있다. 그만치 학식이 많고, 공부에 열중하고, 뛰어난 인재들이 많다는 것이다. 과학자 중에서도 예수회 신부들이 많다. 일반 사람들은 신부인 줄 모르기도 한다.

1534년에 창설되었다. 인격 완성과 이웃 봉사, 하느님의 더 큰 영광을 추구하기 위한 목적을 가지고 있다. 교육사업에 주력해 서강대학교도 예수회에서 운영하고 있다.

그러나 이곳 수도회에 입회자가 없어 10년 이후에는 문을 닫을지 모른다는 신부님의 하소연에 신앙의 차가운 현실을 느낀다. 지원자가 없는 게 아니라 자질을 갖춘 합당한 자가 없다는 것이다.

수원에 있는 말씀의 집에 도착하니 저녁 시간이다. 접수처에 이름을 기록하자 A4 용지 두 장 분량의 숙제를 제출하란다. 신청서에 여러 설문지와 생애 라이프스토리를 써오라는 숙제를 주었다. 면담하는데 참조하기 위한 것이라 한다.

코로나로 방역과 안전수칙을 지키는 게 철저하다. 핸드폰을 의

무적으로 반납해야 했다.

침대와 성경책과 책상 하나가 있는 독방을 배정받았다.

절대 침묵. 나는 혼자 왔기에 주변 사람에게 신경 쓸 일이 없지만, 같이 온 일행들과도 아는 척도 눈인사도 관심도 가지면 안 된다고 한다. 친절을 베풀지 말라는 말이 좀 어폐 있게 들린다. 인원수를 줄여 15명으로 한정했다. 그중에 수녀님 다섯 분이다. 젊은 수녀님도 있고 거동이 불편한 노인 수녀님도 있다. 남자 어르신은 한 분이다. 천국에도 남자는 회귀할 것 같다.

인구의 절반이나 되는 남자들은 좋은 자리에는 귀하다.

끝날 때까지 세상과 단절이다. 부모가 돌아가실 위기에 있는 사람은 사무실로 연락하라고 한다. 오직 하느님만을 생각하고 기도하는 시간만이 있는 넓은 공간. 또 다른 방법으로 하느님을 만나러 가는 길을 이곳에서 걷고 싶다.

내 삶을 재점검해 보다

피정을 신청할 때 몇 가지 질문에 답을 보내야 했다.

① 지금까지의 인생 여정에서 가장 큰 시련, 혹은 위기가 있었다면 그것은 어떤 것입니까? 제일 중요하다고 생각되는 두 가지. 이 위기나 시련을 어떻게 극복했는지 살펴보기.
② 성장함에 있어서 제일 큰 걸림돌 혹은 문제라고 생각되는 것이 무엇인지 살펴보기.
③ 자신에 있어서 가장 큰 하느님 체험(예수님) 세 가지 찾아보기.

④ 만약 나에게 남은 삶이 3개월이라면, 가장 감사하고 싶은 것은 무엇이며, 가장 후회하게 될 일은 무엇입니까?

이 설문지를 받아 내용을 기록하면서 나의 지나온 삶을 점검해 보는 계기가 되었다. 지나온 날들을 후회하며 앞으로만 가야 하는 일상에서, 거쳐 온 나날들을 성찰하고, 반성하고, 후회를 기회로 만드는 작업이 부족함을 배운다.

지나온 삶을 자서전처럼 기록해야 하는 라이프스토리를 적으면서 하고 싶은 말이 너무나 많다는 생각이 들었다. 내 시대에 살았던 한국의 어머니들은 가슴속에 소설 몇 권쯤은 품고 산다. 나도 예외는 아니었음을 알았다.

첫 미팅에서도 서로의 인사는 없다. 신부님 세 분만 간단하게 소개했다. 예수회 신부님 세 분은 피정자 영적면담을 해 주고 미사를 집전하신다. 영적지도를 받고 싶은 신부님을 선택하라고 했지만, 세 분 모두 전혀 알지 못하는 나는 성령께 맡긴다고 썼다. 이곳에 온 이상 내 의지보다는 성령에 의탁하는 게 도리일 듯도 싶었다.

그중에 제일 젊은 신부님이 내 영적지도 신부님이 되었다. 강의는 원장신부님이 하신다.

침묵을 지키면 마음이 고독 중에 있어 은총을 받을 그릇을 준비하는 자세라 한다. 기도는 내가 하는 게 아니고, 하느님이 해 주신다는 말이 생소했다. 옆 사람에게 신경 쓰지 말고, 오직 나와 하느님만을 생각하란다. 눈도 마주치지 말고, 발소리, 문 여는 소리도 조심하라고 당부한다.

사람들은 외로움 때문에 침묵을 지키기 어렵다고 한다. 깊은 외로움에 머물러 있어야 하느님을 만날 수 있다는 것이다.

하루 일정은 1시간씩 5번 기도, 산책 1시간, 면담 30분, 미사, 식사 시간, 나머지는 본인들이 기도를 하든 명상을 하든 성경을 읽든 자유다. 그러나 절대 침묵은 어기면 퇴출이다.

첫날의 성경 숙제는 이사야 55장 시편 130절이다. 이 구절을 천천히 반복해서 읽고 묵상하고 그곳에 머문다. 마음에 떠오르는 게 있으면 그 성경 구절에 머문다. 계속 반복한다. 쓰기도 하고 그 장면을 상상해본다.

어찌하여 돈을 써가며 양식도 못되는 것을 얻으려 하느냐?
내 생각은 너희 생각과 같지 않다. 나의 길은 너희 길과 같지 않다.

이사야의 이 구절이 내 가슴을 때렸다.

당신께서 사람의 죄를 살피신다면, 감당할 자 누구이리까? 그러나 용서하심이 당신께 있어 당신을 경외하리다.

시편의 이 구절에 위로를 느낀다.

감사는 감사를 불러들인다

1강은 감사와 선택.

아무 걱정도 하지 마십시오. 언제나 감사하는 마음으로 기도 하고 간구하며 여러분의 소원을 하느님께 아뢰십시오. (필립비 4:6)

우리의 말과 생각이 우리의 삶을 결정한다. 감사를 많이 하면 감사할 일이 많이 생긴다. 이런 주제의 강의는 우선 기도하는 마음가짐을 훈련하도록 인도한다. 숨과 오관(五官)에 대해 감사하고 몸에 모든 장기와 기관에 감사하는 기도로 시작한다.

"그러나 너희의 눈은 볼 수 있으니 행복하고, 너희의 귀는 들을 수 있으니 행복하다. 내가 진실로 너희에게 말한다. 많은 예언자와 의인이 네가 보는 것을 보고자 갈망 하였지만, 보지 못하였고 너희가 듣는 것을 갈망하였지만 듣지 못하였다." (마태오 13:16-17)

이 성서 구절을 천천히 읽고 이 자리에 하느님이 나와 함께 하심을 상기한다. 나의 기도를 성령이 이끌어 주시기를 청한다. 이 기도가 하느님께 영광이 되고, 하느님 중심으로 이루어지기를 청한다. 천천히 숨을 쉬면서 내게 생명을 주신 하느님께 감사한다. 나의 온몸을 감사로 가득 채운다. 머리에서 발끝까지 내 몸의 각 부분을 의식하며 감사를 드린다. 보고, 듣고, 냄새 맡고, 소화시키고, 숨쉬고, 먹을 수 있고 배설하는 모든 장기들을 의식하며 몸의 긴장을 풀고 감사로 가득 채우는 상상을 한다. 느낀 점이나 받은 은총을 하느님께 말씀드리고, 내게 무슨 말씀을 하시는지 귀 기울인다. 기쁨이나 위로, 용기, 희망, 평화 등 느낌으로 말씀하시기도 하고 성서 구절, 어떤 이미지, 어떤 경험을 떠오르게도 하고, 명확한 메시지를 주기도 하며 놀라운 체험을 주시기도 한다.

또한 자연을 통해서나 다른 사람을 통해서나 모든 피조물과 그들의 능력을 통해서 다양한 방법으로 우리에게 드러내신다. 다양한 사인을 통해 드러내시지만 우리가 귀와 눈을 열지 않으면 듣지도 보지도 못하는 것이다.

이 피정은 다양한 방법으로 드러내시는 하느님의 사인을 알아볼 수 있는 훈련이라 생각되었다.

두 번째 기도 주제는 지금까지 삶의 역사 안에서 하느님이 베풀어 주신 은혜에 대한 감사를 드리는 것이다. 시편 139장을 읽고 마음이 끌리는 부분에 머문다. 그 구절을 기억하고 음미하는 것이다. 태초에 하느님이 나를 만드시기로 작정하고 기뻐하시는 모습을 상상한다. 뱃속에 있는 나를 상상하며 기뻐하시는 부모 모습과 하느님의 모습을 상상하며 내게 생명을 주심에 감사한다.

태어나고, 걷고, 말을 배우고, 자라오는 모든 과정을 상상하며 감사드린다. 살아오면서 받은 은총에 대해 진심으로 하느님께 감사드린다.

하느님과 대화를 하고 반성하고 주의 기도를 드린다.

영적독서로 이사야 43:1-13절 시편 107장을 읽고 묵상한다.

이사야를 읽으면서 '내가 너를 지명하여 불렀으니 너는 내 사람이다.' 이 구절에 가슴이 쿵 했다. 나는 젊었을 때 예수님에 대한 거부감이 많았다. 오히려 부처님에 대해서는 호기심이 많았다. 나는 낮잠을 자지 않는데 나도 모르게 잠깐 잠이 들었다. 지팡이를 든 푸른 망토를 입고 머리가 긴 어떤 남자가 울려 퍼지는 우렁찬 목소리로 내 이름을 부른다. 내가 그 앞에 섰을 때 높은 지붕에 십자가를 달고 있는 곳을 가리키며 "네게 저 집을 주겠다." 했다.

내가 만난 하느님

그때는 그가 누구인지 몰랐다. 5년이 지난 후에 나는 영세를 받았고 내 의지와 상관없이 나는 이미 하느님의 계획안에 내 이름이 들어 있다는 걸 깨달았다.

단 3일간만 볼 수 있다면

사흘만 볼 수 있다면 무엇을 하고 싶은지에 대한 헬렌 켈러의 말을 묵상하는 시간을 가졌다.

세상을 볼 수 없는 그녀에게 단 3일간 볼 수 있는 특권이 주어진다면, 첫날에는 자기를 이끌어준 셀리번 스승의 얼굴을 보고 가슴에 새겨둘 것이고, 숲길을 걸으며 아름다운 나뭇잎과 들꽃들. 석양의 노을을 보고 싶다고 했다.

둘째 날은, 밤이 낮으로 바뀌는 일출의 웅장한 기적을 보고나서 자연사 박물관에 가서 하루 종일 인간이 진화해온 과정을 눈으로 확인해 보고 싶다. 미술관을 찾아 인류의 정신을 담은 예술작품을 보고 싶다. 저녁에는 보석 같은 밤하늘의 별들을 보고 싶다.

마지막 셋째 날에는 아침 일찍 큰길에 나가 출근하는 사람들의 얼굴 표정을 볼 것이다. 오페라 하우스와 영화관에 가서 공연을 보고 저녁에는 네온사인이 반짝이는 쇼윈도에 있는 이름다운 물건들을 보며 집으로 돌아와 사흘 동안만이라도 볼 수 있게 해 주신 하느님께 감사기도 드리며 영원히 암흑의 세계로 돌아가겠다.

눈으로 볼 수 있는 우리는 이런 것들은 너무 평범한 일이라 생각하지도 않고 사는 일들이다.

잠시 눈을 감고 헬렌 켈러가 되어 보았다. 그동안 눈이 예쁘지 않게 생겼다고 불평한 일은 많았지만 볼 수 있게 해 주어 감사를 드린 것은 많지 않았던 것 같다.

가진 것에 대해 감사보다는 못 가진 것에 대해 불평이 더 많았던 지나온 삶을 반성해 본다.

성찰의 시간에 받은 은혜에 감사하고 나의 죄를 비추어 주시도록 성령의 도우심을 청하고, 자신의 잘못과 부족함, 무질서한 애착을 살펴보고 하느님께 용서를 청한다.

잘못을 되풀이하지 않도록 다짐하고 은총을 청하는 기도를 하란다. 아침 식사를 하고 10시에 지도신부와 면담 시간이다. 시간은 각자 선택하는데 나는 매도 일찍 맞자 싶어 제일 빠른 시간을 택했다.

처음에 무슨 말을 해야 하는 건지 불안하기도 했다. 그러나 불안해하지 않아도 되었다. 신부님은 말을 적게 했고 나는 말을 많이 하는 편이었다. 살아온 이야기, 기도에 대한 나의 푸념들, 성경 숙제 중 내가 느낀 감정, 이런 이야기를 하다 보니 내 면담 시간 30분이 모자랐다. 신부님은 듣는 쪽이고 나는 궁금한 점을 계속 말하는 쪽이다. 내내 듣다가 내가 놓친 부분을 찾아주며 어떤 식으로 기도해야 하는지 방향을 일깨워 주었다.

천주교는 미사가 365일 있다. 모든 모임이나 행사는 미사가 없으면 시작도 끝도 아니다. 미사 준비와 진행도 신자들이 자발적으로 한다. 독서, 기도, 찬송, 주송, 제대 준비 등 돌아가면서 자청해서 해야 한다. 점심을 먹고 광교산에 산책을 했다. 말을 할 수 없으니 게시판에 가고 싶은 시간을 적어 놓고 신청자는 자기 이름을 적는다. 원하는 시간이 되면 밖에 나가 일행이 모여 같이 걷는다. 처음에는 신부님이 길을 안내했다. 산행 중에도 침묵해야 해서 몇 발짝씩 떨어져 걸어야 한다. 나는 걸음이 빠른 편이라 빨리 가는 측에 섰다. 낙엽이 떨어지는 가을 산은 많은 것을 생각하게 한다.

나무도 살기 위해 때가 되면 가진 것을 버린다. 버린 잎들이 퇴비가 되어 더 크게 성장하는 데 도움을 주며, 새로운 생명들에게도 거름이 되어주는 것이다.

가을이 되어 있는 나는 지금 어떤 모습으로 살아가고 있는가.

나를 성찰해 본다.

영신수련의 원리와 기초

사람은 하느님을 찬미하고, 공경하고, 봉사함으로써 자기 영혼을 구하도록 창조 되었다. 마음을 다 하고, 목숨을 다하고, 힘을 다 하고 정신을 다 하여 하느님을 사랑하고(루가 10:27) 하느님의 영광을 위해 살아감으로써 구원을 얻도록 창조된 것이다. (창조 목적)

세상의 모든 사물이 하느님의 선물이며, 그들은 창조 목적, 즉 구원에 도움이 되도록 만들어졌다. 사람은 사물에 대해 오직 창조 목적에 맞게, 필요한 만큼만 그것들에 맞게 사용하고 남용하지 말아야 하며, 창조목적에 방해가 되는 것은 버려야 한다. '구원에 도움이 되는 만큼' 이 글귀는 큰 액자에 적혀 강당 입구에 걸어 놓았다. 나는 과연 하느님의 창조 목적에 합당하게 살아가고 있는가? 반성해 본다. 물건들을 필요 이상으로 낭비하고, 허비하고, 파괴하고 있지는 않은가? 아름답게 만든 이 지구를 하느님이 슬퍼 할 정도로 더럽히고 있지는 않은가?

모든 것에 대해 '초연함'을 가지고 어느 쪽으로도 기울어지거나 집착함이 없이 자유로운 마음을 가져야 한다. 질병이나 건강. 단명과 장수, 불명예와 명예, 모욕과 존중, 가난과 부귀에 대하여 어느 한쪽을 더 원하지 않으며, 오직 우리 영혼의 구원에 도움이 되는지 생각하고 그것을 선택해야 할 것이다.

중용을 중요시 여겼던 공자의 말씀 같기도 하다. 내 삶에서 균형을 잃어 평화를 잃고 방황했던 일이 어디 한두 번이던가? 과연 예수님의 본질을 알고 신앙생활을 하는 사람이 몇이나 될까? 예수님의 고난과 사랑 실천 없이 예수님의 영광과 축복만 강조하며 미신을 믿듯이 예수님을 복 주는 또 다른 잡신으로 전락시키지는 않았는지.

기도 숙제가 많았다

① 영원한 생명을 얻으려면 무엇을 해야 합니까? (마르코 10:17-27)
② 그러므로 무엇을 먹을까 무엇을 마실까 또 무엇을 입을까하고 걱정하지 마라 (마태오 6:25-34)
③ 원리와 기초를 천천히 읽고 묵상하거나 반복적으로 읽고 마음에 새기기. 영적 독서 (마태오 22:35-39)
그들 가운데 율법교사 한 사람이 예수님을 시험하려고 물었다.

"율법에서 가장 큰 계명은 무엇입니까?"

예수님께서 그에게 말씀하셨다.

"네 마음을 다 하고 네 목숨을 다 하고 네 정신을 다 하여 주 너희 하느님을 사랑해야 한다. 이것이 가장 크고 첫째가는 계명이다. 둘째도 이와 같다. 네 이웃을 너 자신처럼 사랑해야 한다."

예수님이 내 모든 것을 버리고 내가 가진 것을 가난한 사람에게 주고 예수님을 따르라 하시면 나는 과연 그렇게 할 수 있을까?

무엇을 먹고 마시고 입을까 걱정하지 말라고 했는데 하루에도 몇 번씩을 걱정하는 나를 본다.

내 모든 것을 다해 하느님을 사랑하고 이웃을 사랑하라 하셨는데 지금의 나는 그러지 못하고 있는 게 분명한 것 같다. 입으로만 암송하고 행동이 따라오지 않은 위선의 신앙생활이 아닌지 가슴이 답답해 왔다.

그러다가 예수님께 타협안을 내 놓았다.

'당신은 모든 것을 아시니 알아서 하세요.

내 의지와 고집을 버릴 수 있도록 저와 함께 해 주세요'

신체 단련하듯 영혼의 수련이 필요하다

좁기도 하고 넓기도 한 오솔길 산행은 내가 걸어온 길을 닮아 있었다.

오르고 내려오고 미끄러워 삐끗하여 발이 접혀 절룩이기도 했다. 헛디뎌 넘어지고 미끄러워 아찔했던 산행은 지나온 날들을 되돌아보게 한다. 지금 생각해 보니 그때마다 예수님이 나를 붙들어 주셨음을 이제야 깨닫는다.

생각만 해도 아찔했던 순간들. 순간순간 우연을 가장해 나와 동행했음을.

넓은 잎도 가는 잎도 우수수 떨어지는 모습에서 자연의 순리를 받아들인다.

인간만이 오래 살려고 버티기며 기를 쓰는구나. 하느님이 지금 나를 불러 간다면 나는 기꺼이 '예' 하고 대답할 준비가 되어 있는가?

가장 좋은 기도는 그리스도를 열렬히 바라보는 것입니다.

나는 그분을 바라보고 그분은 나를 바라보십니다.

하느님과 얼굴을 마주 할 때 당신은 아무것도 아니며, 아무것도 지니지 못했음을 알게 될 것입니다.

─ 마더 데레사

영성이란 하느님께 이르는 방법을 말하는 것이다. 많은 종교들이 신을 찾는 여러 방법들을 가지고 있지만, 가톨릭의 영성 중 이냐시오 영성은 양심성찰과 묵상기도, 관상기도, 염경기도, 침묵기도, 등 기도하는 방법을 포함하여 앞으로 이루게 될 모든 정신 활동 방식을 말한다고 한다.

입으로 하는 기도는 가장 직설적이고 단순한 기도인 것이다. 하느님의 현존을 느끼며 하느님과 마주해 대화하는 기도다. 하느님의 뜻을 찾고 발견하는 것 구원에 이르는 길을 찾는 기도다.

온갖 무질서한 애착을 없애도록 우리의 정신을 준비하고 내적

내가 만난 하느님

자세를 갖추며 영혼의 구원을 위하여 자신의 인생에 대한 하느님의 뜻을 찾는 게 영신수련이라고 한다. 몸과 마음을 단련해 무질서한 애착을 없애는 과정이라고 한다.

무질서한 애착으로부터 자유롭게 되어야 하는데 쉽지 않은 일이기에 신체를 단련하듯 영혼을 단련해야 한다는 것이다. 수련은 단순한 동작을 반복 연습하여 몸이 기억하게 해야 한다.

이번 시간의 주제는 무질서와 악습, 죄에 대한 성찰과, 정화에 대한 묵상이다. 나의 삶을 살펴보고 내가 고쳐야 할 악습과 무질서. 죄를 알고 반성하며 앞으로 어떻게 개선할지를 묵상하고 하느님과 대화하며 은총을 청하라 한다.

영적독서는 갈라디아서(5:13-26절, 요한 1:5-2:2)이다.

자기 자신의 뜻에 따라 짓는 모든 죄의 근원이 되는 일곱 가지 죄.
- 교만 - 잘난 척 하고 남을 업신여기는 죄. 하느님의 자리를 차지하려고 하는 모든 죄의 시작. 불순종.
- 인색 - 이기적이고 욕심이 많음. 두려움.
- 질투 - 자기보다 낮다고 생각하는 사람을 못 견뎌함. 자신감의 부족.
- 분노 - 화를 다스리지 못함. 억압된 감정의 폭발.
- 음욕 - 성적 무질서. 성적 정체성의 미성숙.
- 탐욕 - 과음, 과식, 물질적 욕망. 재물욕.
- 나태 - 게으름, 지연, 수동적 공격.

이런 것에 대한 자기 성찰을 해보란다. 나는 과연 성찰 목록에서 제외되는 게 있는가? 나를 거울에 비추어 보면 걸리지 않은 게 없을 것 같다.

죄의 뿌리는 사랑받지 못함에서 시작된다

　우리 모두는 알게 모르게 상처를 주고받는다. 뱃속에서부터 받은 상처는 치료하기가 어렵다고 한다. 내 주관과 판단이 서지 않은 어렸을 때의 상처는 무의식에 뿌리내려 성장에 걸림돌이 되기도 하고, 인격 형성에 문제가 되기도 한다. 가슴 깊이 박힌 상처를 치유해야 나를 이해하게 되는 것이다. 또한 내가 무심코 내뱉은 말이 남편이나 자식, 형제, 이웃에게 큰 상처가 되어 서로의 관계를 불신하게 만드는 경우가 있다.

　몸 중에 혀가 가장 많은 죄를 지어 죽으면 혀가 제일 먼저 썩는다는 말도 있다.

　지나온 내 삶을 살펴보고 죄의 뿌리가 되는 상처와 아픔을 이해하고 하느님께 도움을 청한다. 장소와 시기와 관계를 살펴본다. 그러한 것 중에는 수치심, 죄책감, 두려움, 배신감, 거부당함, 성적학대, 언어적, 물리적 폭력, 외로움, 버림받음, 부모의 다툼, 무시당함 등의 많은 감정의 요소들이 엉켜있어 나도 모르게 상대에게 투영하는 것이다. 사랑받지 못함에서 모든 죄의 뿌리가 생기고, 상처는 두려움을 만드는 것이다. 거짓말 양치기에 대한 속마음은 외롭고 두려움에서 관심 받고 싶은 속마음에서 발생하는 것이다. 주변에 그런 사람이 있다면 우리는 하느님의 마음으로 '왜 그랬니?' 하고 물어 봐야 한다는 것이다.

　결과보다는 그 원인과 동기와 감추어진 속마음을 헤아려 주어야 치유가 된다는 것이다. 결과만으로 남을 판단하고 비난하면, 우리도 그런 잣대로 비난받을 것이라는 게 예수님의 가르침이다.

　우리 마음에는 사랑과 두려움의 두 갈래가 있다. 두려움이 많으면 사랑이 없어지는데 두려움에서 죄가 생긴다고 한다.

영적독서는 시편 51장이다. 일반 성찰에 대해 묵상 꺼리를 주었다.

① 감사 - 받은 은총에 감사하고 하루 중 언제 하느님을 깊이 느끼고 만났는가?
② 조명 - 자신을 잘 돌아볼 수 있도록 하느님의 은총을 청한다.
③ 성찰 - 생각과 말과 행함과 궐함에 대하여 자신을 성찰해 본다.
④ 용서 - 진심으로 하느님께 용서를 청한다.
⑤ 결심 - 다짐과 결심을 말씀드린다.

하루에 세 번을 결심하고 두 번을 성찰하라는데 수도자가 아닌 나는 제대로 그렇게 실천하기가 쉽지 않았다.

이곳에서 권장하는 기도는 하루에 3~5회 1시간씩 기도를 하되 대략의 순서가 있다.

기도할 성서 구절을 정하고 15분 정도 읽고 묵상한다. 하느님의 현존을 의식하고 모든 천사들 앞에 있음을 상상한다. 내 모든 의향과 행동과 노력이 오로지 하느님의 영광과 찬미와 봉사만을 위해 마련되도록 하느님 은총을 구한다. 얻고자 하는 은총을 청한다.

묵상기도는 기억력과 의지력 이해력을 사용해 주로 지성이 작용하는 기도이고, 관상기도는 오관을 사용한 기도다. 주로 상상력을 사용하는 기도다. 어떤 기도이건 중요한 것은 하느님의 현존과 인격적인 관계다. 기도에서 받은 은총과 깨달음을 하느님과 대화하듯이 말씀드리고 앞으로 변화를 위한 결심을 말씀드린다.

기도 후에는 기도에 도움이 된 것이 무엇이고 무엇이 방해 되었는지 받은 은총이 무엇이고 무슨 일이 일어났는지 나를 어떻게 이끄셨는지 되돌아보는 시간을 가져야 한다.

이 세상은 영적인 전쟁터다

영적이란?

영적 세계관에 바탕을 둔 영적 존재로부터 영향을 인식하여 일어나는 모든 일과 인간관계, 자신의 내부와 외부에서 일어나는 모든 것에 대하여 영적으로 인식, 이해, 판단, 대처하는 행위라고 한다.

영신 수련이란 좋은 습관을 반복하여 내 삶을 뒤돌아보는 것이다. 그리하여 앞으로의 삶을 하느님이 원하는 모습으로 만들어 나가는 작업이다.

세상은 영적인 전쟁터라 한다.

우리가 대항하여 싸워야 할 원수들은 인간이 아니라, 권세와 세력의 악신들과 암흑세계의 지배자들과 하늘의 악령들입니다. (에페소서 6:12)

이 세계는 물질적 세계와 영적세계가 같이 존재하는 곳이다.

신앙인은 영적인 세계관으로 사고방식을 완전히 바꾸어야 하는데 그게 잘 안되니 훈련을 해야 한다는 것이다. 훈련이란 계속 반복하는 연습을 해야 하는 것이다. 내 몸이 기억할 때까지.

수련은 기도인데 반복하고, 집중하고, 성찰하고, 진정성을 가지고, 힘 빼기를 하고, 계속 연습해야 한다고 한다. 피나게 훈련하는 이유는 그만한 가치가 있다고 생각하기에 그렇게 하는 것이다. 과연 구원에 대한 가치를 가지고 있는지 스스로에게 자문해 볼일이다.

인간의 모든 행위는 선택이다. 기계적, 습관적, 본능적인 선택이 아니라 하느님의 뜻을 의식적으로 선택하려고 노력해야 한다.

예수님도 광야에서 악마의 유혹을 받으셨다. 악마도 예수님을 유혹할 때 성경을 인용했다. 많은 사람들이 하느님의 능력과 은총을 받고도 사탄의 앞잡이가 되는 경우가 많았다. 사이비 종교 교주들이 그들이다. 사탄은 겸손한 사람을 못 이긴다. 가난하게 사는 사람들은 해당이 안 된다. 사이비의 함정은 돈에 문제가 있어서다. 종교가 유럽에서는 개혁의 대상인데 미국에 건너가 기업이 되었고, 우리나라에 와서는 대기업이 되었다는 말은, 돈과 종교의 밀접한 관계를 또한 그 안에 사이비의 번창을 잘 표현한 것 같다. (물론 당사자는 자기만이 진리고, 구원이 있다고 주장하지만) 마음에는 악신과, 선신과, 자신이 서로 충돌하고 있어 하느님에 붙어 있지 않으면 유혹에 빠지기 쉬운 것이다.

부와 명예와 생명을 유혹받은 예수님은 40일간의 단식으로 생존의 위험 중에도 성경 말씀으로 대응하여 사탄을 물리치셨다. 그러나 사탄은 다음 기회를 노리고 떠났다고 하니 언제고 다시 나타날 것이다. 하물며 갈대와 같이 흔들리는 나약한 인간이야 하루에도 수십 번 유혹에 갈등하는 건 피할 수 없는 일이다. 마음이 고요해지면 유혹이 더 선명해진다. 우리는 혼란 속에 살기에 어느 게 유혹인지도 모르는 것이다.

영적인 식별의 기준은, 생명을 주느냐 죽음을 가져 오느냐다. 똑같은 내용의 말이라도 성분이 다르다. '살리는 쪽이냐? 죽이는 쪽이냐?'가 다르다.

간음한 여자에 대한 율법학자와 예수님과의 시각은 다르다.

율법과 옳음을 주장하는 율법학자는 죽이는 쪽이고, 예수님의 연민은 살리는 쪽이다.

우리는 정의를 내세우며 율법학자가 되어 있는 건 아닌가?

사랑보다 법에 더 우선을 두는 건 아닌가?

하느님은 고요 속에 계시다

기도의 내적 자세에서 사랑에 실패하는 이유는, 자기 중심에서 하느님 중심으로 옮겨야 하는데 그러지 못해서이다. 무엇을 얻었는가보다 무엇을 드렸는가에 초점을 두어야 한다는 것이다. 은총을 구하는 것보다는, 봉헌에 더 치중해야 하는데 신앙이 얕을수록 은총을 더 구한다는 것이다. 기도는 내가 얻으려는 게 아니고 '무엇을 드렸는가?'이다. 기도 시작할 때는 온 마음으로 '이 시간을 당신께 바치겠습니다.' 하고 끝나서는 온 마음으로 다 바치려고 했는가? 생각하며 하느님 중심으로 나아가는 게 봉헌이라 한다.

하느님을 만나려면 내적인 침묵을 가져야 하는데 일상의 혼잡이나 잡념, 당면과제, 수치스러운 기억, 분노, 억울함, 버림받음, 원한, 내면의 상처들이 방해한다. 감각은 우리의 의식을 밖으로 사용하려고 하는 걸 차단하고 내면으로 들어가도록 의식적으로 노력해야 한다. 고요해지면 성령이 이끄신다. 그때는 하느님 생각에 집중해야 한다.

모든 기도는 감사기도부터 시작해야 한다. 감사하면 할수록 감사할 일이 생긴다고 하니 어떤 어려운 경우라도 감사하란다.

아침에 잠깐 첫눈이 왔다. 빨강, 노랑 단풍 위에 내리는 눈은 신비로웠다. 해마다 일상적으로 보는 눈인데 고요 속에서 하느님의 섭리를 생각하며 보는 눈은 예전의 눈과 달라보였다.

침실에 혼자서 보는 눈은 이 나이에도 감정이 살아 있음을 느끼게 했다.

신부님과 면담 중에 하느님이 나를 이끄신 지나온 날을 생각하니 눈물이 났다.

벽에 커다랗게 걸려 있는 액자 속 글씨 '너 어디 있느냐' 지금 하느님이 나를 부르며 '지선아 너 지금 어디 있느냐' 묻고 찾으신다면 '나 당신과 함께 있습니다.' 하고 자신 있게 대답할 수 있을지 묵상해 본다. 나는 지금 하느님 안에 소속되어 그분이 원하는 모습으로 살고 있는가? 하느님 외곽을 맴돌며 이방인으로 살고 있는가? 세속 안에서 허우적거리고 있는가? 스스로를 자문해 본다.

무엇이 나를 지배하는가?

몸이 기억하는 상처가 우리를 지배한다고 한다. 성숙하고 자유로운 사람만이 자기가 선택하고 결정할 수 있다는 것이다. 놀라운 체험이나 순간의 감동이 나를 변화시키지 못한다. 다만 좋은 습관이 나를 변화시킬 수 있을 뿐이다.

생각이 말로 표현되고 행동으로 옮기고 그게 습관이 되면 인격이 바뀌고 그렇게 되면 운명이 달라진다는 것이다.

하느님으로부터 오는 좋은 생각이면 이런 과정을 거쳐 훌륭한 성인이 되지만, 상처라면 운명이 꼬이고 불행해진다는 것이다.

거룩한 습관과, 말, 생각을 변화시키는 좋은 습관으로 바꾸면 운명도 바꾸어진다.

'공동 바구니에 담긴 썩은 사과를 누가 선택하는가?' 실험에서 좋은 사과를 선택하는 사람은 타인, 자식, 하느님보다. 자기를 우선으로 하는 사람이다. 썩은 사과를 선택한 사람은 자기보다는 타인 자식 하느님을 먼저 생각하는 사람이다.

나와, 집, 자연이 조화로우면 균형 있는 삶인데 한쪽에 치우치면 기울어져 모두가 파괴되는 것이다.

하느님의 사랑은 찬미와 공경과 봉사이다.

영혼구원은 하느님께 영광을 드리는 전제하에서 이루어진다는 것이다.

예수님과 사탄 어느 편인가

죄는 하느님께 나아가는 것을 방해하는 장애물이다.

하느님의 용서를 믿지 못하는 사람은 남의 죄를 용서하지 못한다고 한다. 세상에서 가장 큰 죄는 자기 죄를 모르는 죄란다. 하느님의 용서를 믿지 않은 죄.

영적, 역사적, 사회적, 모든 죄는 사탄에게서 온다. 그러나 죄의 많은 성향은 부모한테 물려받는다고 한다. 가장 사랑하는 사람에게 죄를 물려준다는 것이다.

부모에게서 상처받고, 학대받고, 죄의식을 받게 되는 모든 것들이 다음 세대 자식에게 그대로 투영된다는 것이다.

하느님과 대화에서 나의 죄와 상처를 치유 받지 못하면 내 자식에게 똑같은 죄를 물려주게 된다는 것이다. 지나온 삶을 살펴보고 죄의 뿌리인 상처와 아픔을 대화를 통해 하느님께 고해야 한다. 모든 행동에는 나름의 이유가 있는 것이다. 예수님이 남을 판단하지 말라고 하신 것도 그런 뜻일 것이다.

오늘이 마지막인 것처럼 살아야 한다.

과거와 미래는 머릿속에 있는 생각이고 현실이 아니다.

오직 오늘만 현존한다.

유혹이 시작되면 다른 게 눈에 들어오지 않는다. 아담과 하와의 동산에는 수많은 과일 나무가 있었지만 유독 선악과에 초점이 맞추어 그걸 따 먹게 된다.

영의 식별은, 신앙의 빛 아래서 자기 내면의 움직임에 대하여 기도하는 마음으로 조사하는 과정이다. 이러한 생각이나 충돌, 말, 행위 등이 하느님으로부터 오는 것인지 아닌지를 살펴보는 것이다. 영적 식별의 객관적인 규범은 성서의 가르침이나 교회의 가르침, 윤리적인 가르침 등이 있다. 주관적인 것은 생명과 죽음, 일치와 분열, 위안과 고독, 창조와 파괴, 물기와 메마름, 따뜻함과 차가움, 부드러움과 딱딱함, 밝음과 어두움으로 구분할 수 있다.

영적 감각은 민감한 사람은 더욱 민감하고, 둔감한 사람은 더 둔감해진다.

감각은 사용하면 할수록 발달하고 쓰지 않으면 퇴화한다.

영적 위안과 위로는 선한 영에서 오며, 생명과 창조를 선택하고, 창조주에 대한 사랑, 열정, 감동, 눈물, 용기를 가져온다. 평온, 희망, 믿음과 사랑을 키우는 모든 것이다. 기쁨과 용기 연민과 인내 온유다. 영적 고독과 실망, 영적황폐는 악의 영에서 오며, 죽음과 파괴를 선택한다.

무신론적 사고와 어두움, 혼란, 현세적이고 비속한 것으로 기울어진다. 메마름과 불안, 불신, 절망, 게으름이다. 분노, 두려움, 질투, 완고함, 의심, 걱정, 등이다.

마귀는 우리의 영혼이 둔감한지 민감한지를 항상 살핀다고 한다. 만일 영혼이 민감하면 극단까지 더 민감하게 하여 점점 혼란하게 하고 불안하게 만든다. 만일 둔감하면 더 둔감해 지도록 한다는 것이다. 사탄은 하느님의 계획과 그리스도를 통하여 이룩된 구원사업을 가로막는 자이다.

영적 전쟁을 상상해 보란다. 예수님의 진영은 사도들과 제자들. 최고의 정신적으로 가난한 사람들, 겸손하고 온유한 사람들이 모여 성부께 은총을 주시도록 기도한다.

사탄 진영에는 사람들을 그물과 오랏줄로 덮치라고 소리친다. 재물에 탐욕으로, 허영심과 교만으로 부른다. 그들을 모든 악행으로 이끈다.

우리는 어느 진영에 속할 것인가? 머리로는 예수님 편이지만, 삶은 사탄 쪽에 매력을 더 느끼지는 않은가 생각해 볼 일이다.

관상기도란 신비적인 기도다

수도원 마당에 예수님이 양팔을 벌리고 서 있는 성상이 있다. 석고상인데 예수님의 눈동자가 살아 있어 나를 애련히 쳐다보는 듯하다. 하루에 한 번씩은 그 앞에 서서 눈을 마주보고 있다.

"그래, 고단한 네 삶을 나는 알고 있다. 내게 와 위로를 받으렴."

이렇게 말하는 표정 같다. 내 온몸의 긴장이 스스로 녹아내리는 듯하다. 천천히 눈을 바라보니 미소가 지어졌다. 예수님의 사형선고를 받은 때부터 십자가에 돌아가시어 무덤에 묻힌 때까지를 묘사한 14처기도 상에서 키니네 사람 시몬이 예수님의 십자가를 대신 지고 간 대목에서 가슴이 찡하게 울려왔다. 아무 영문도 모르는 멀리 아프리카에서 구경나온 시몬이 재수 없게도 로마 병사에 붙잡혀 예수님의 십자가를 지게 된 것이다. 얼마나 억울했을까? 그러나 재수 없다고 여겼던 그 일이 나중에는 성경에도 이름이 나오는 영광을 받게 되고, 구세주의 짐을 대신 졌다는 구원의 짐이 되었던 것이다. 시몬이 십자가를 대신 지고 가는 동안 예수님은 조금 쉴 수 있었을 것이다. 내 삶에도 억울한 일들이 많았다. 때로는 분하고 상처로 남은 일들이 그들의 짐을 덜어주는 일이 되었기를 이제야 바래본다.

점심 후에 광교산의 산책은 걸음이 빠른 젊은 수녀님과 나만 남았다. 수녀님을 지켜야 한다는 일념으로 수녀님 시간에 동행하고 있다. 몇 발자국 떨어져 걸으며 침묵한다. 30일간의 피정도 있다. 이 피정은 사제서품을 받기 전에 거치는 피정이다. 일반신자도 받을 수 있는데 10일간의 피정을 받은 신자에게만 허락된다고 한다. 10일 피정과 비슷한 과정이긴 한데 좀 더 구체적으로 하는 심화 과정일 것이다. 사제서품 준비자들은 이 30일간의 피정 중에 예수님을 만나지 못하면 신부로서 살아갈 확신이 없어 포기하는 사람도 있을 것이다. 혼자서 일생을 살아간다는 것도, 예수님의 대리자로 사제 직분을 지켜 순명하며 살아야 한다는 것은, 세속에서는 인간적으로는 죽어야 한다는 것이다. 결코 쉽지 않은 선택을 예수님과 함께 한다는 확신이 없다면 힘든 일일 것이다. 우리의 신앙생활도 그러하지 않은가?

관상기도란 신비적인 기도다. 직관적으로 하느님을 인식하고 하느님과 일치 상태를 말한다. 묵상기도는 반듯이 하느님과 대화로 끝난다. 대화가 아니면 좋은 생각에 지나지 않는다. 대화란 나 혼자 일반적으로 말하는 게 아니다. 서로 주고받는 게 대화인 것이다. 혼자 계속 말하는 것은 독백이다. 그러나 우리의 기도는 하느님과의 대화가 아니고 독백인 경우가 많다. 하느님의 뜻을 들으려 하지 않고 내 주장만 강요하는 꼴인 것이다.

기도 방식도 다양하다. 단순기도와 집중기도가 있다. 절규, 향심기도, 만트라, 예수기도, 염경기도, 묵주기도, 거룩한 독서, 묵상, 관상, 신비기도 등이다. 마음이 복잡할 때는 단순기도를 하게 되고 마음이 고요할 때는 집중기도를 하게 된다.

왜 관상기도를 하는가의 질문에는 하느님과 인격적인 관계를 맺기 위해서다. 상상력을 사용해 예수님 생애의 신비에 내가 함께 하며 예수님과 인격적 관계를 맺는 것이다. 성서의 장면을 그림이나 영화를 보듯이. 그러나 눈으로만 보는 게 아니라 마음으로 본다, 깊은 애정을 가지고 공감하며 오관을 사용해 능동적면서 수동적으로 하는 기도다. 사랑하는 마음의 눈길로 예수님을 바라본다. 내가 보는 것이 나를 변화시킨다. 내가 바라보는 예수님의 모습이 나를 변화시킨다. 영혼을 만족시키고 아는 데 있지 않고 내적으로 느끼고 맛 들이는 데 있다. 의미나 깨달음보다는 관계에 집중해야 한다는 것이다.

기도는 하느님과 관계 맺기

어느 시 한 구절에 이런 내용이 있다.

> 악수는 발로 하는 것이다.
> 포옹이나 키스도 발로하는 것이다.
> 그가 있는 쪽으로 내가 가야해서다.

악수를 하려고 손을 내밀기 전에 마음이 먼저 가고, 발이 다가가서 상대와 손을 잡게 되는 것이다. 사람과의 만남도 그렇지만 하느님과의 만남은 더욱 그렇다. 아니, 더 어려울 수도 있다. 형체가 없기에 확인하기가 어려워서다.

예수님의 공생활에서 되찾은 아들에 대한 묵상기도다. 루카복음서에는(15:1-32) 잃었던 양, 되찾은 은전, 되찾은 아들에 대해 나온다. '나와 함께 기뻐해 주십시오.' 하며 잃었던 아들을 되찾은 자비로운 아버지의 기쁨을 보면서 나는 아버지의 마음이 아니라, 불평하는 형의 입장이었지 않나 반성해본다.

나는 하느님께 돌아가 어떻게 용서를 청할 것인가.
이게 기도 숙제다. 용서를 청할 것이 어디 한두 가지인가?
오천 명을 먹이신(요한 6:1-14) 장면을 상상해본다. 배고파 있는 군중들을 연민의 마음으로 측은해 하시는 예수님의 모습. 물고기와 빵을 들고 있는 천진한 어린아이. 감사기도를 드리며 빵을 떼시어 나누어 주는 모습. 수천 명의 사람들이 배불리 먹고 기뻐하는 장면. 나도 그 자리에서 예수님이 떼어주는 빵을 받아먹으면서 맛을 음미하고 기적을 확인하는 상상을 해 본다.

라자로를 살리신 장면(요한 11장)에서는 구경꾼이 되어 정말 죽었던 라자로가 살아나는지 확인하기 위해 군중들을 헤집고 앞에 서서 예수님과 라자로를 번갈아 보며 믿을 수 없는 광경에 놀라워하는 내 모습을 상상해 본다.

우물가의 사마리아 여인과(요한 4:1-42) 대화하시는 예수님을 상상해 본다.

내가 주는 물을 마시는 사람은 영원히 목마르지 않을 것이다. 내가 주는 물은 그 사람 안에서 물이 솟는 샘이 되어 영원한 생명을 누리게 할 것이다.

목이 말라 우물가에 갔는데 서로 상종하지 않은 사마리아 여인에게 물을 청하는 예수님의 열린 마음과 솔직하고 수다스러운 여인, 품행이 단정하지 않은 여인을 인격적으로 대하시는 모습, 버림받은 땅에서 사는 사람들이 오히려 예수님의 말씀에 감동되어 사흘이나 묵으면서 복음을 전하는 장면을 상상해 본다.

성경을 통틀어 예수님이 가장 성공한 선교지다. 지금도 세상을 시끄럽게 하는 건 잘나고, 잘 배우고, 똑똑하다고 자칭하는 무리들이지 않은가?

사랑은 반드시 고통을 포함한다

기도란? 하느님과의 관계 맺기라한다.

어떤 형태의 기도라도 본질적으로 중요한 것은 현존의식, 인격적 관계, 진정성이다.

인격적 관계가 없는 기도란 다만 좋은 생각에 지나지 않는다. 인격적 관계를 맺는 방법 중의 하나가 대화인 것이다.

어떻게 기도할까라는 질문은 어떻게 사랑할까라는 질문과 같은 의미다. 기도를 배운다는 것은 사랑하는 방법을 배우는 것과 같다.

예수님 시대에 십자가형은 가장 보편적인 사형제도다. 전쟁에 승리한 개선장군은, 포로 수천 명을 십자가에 매달아 승리를 자축하는 행사를 치렀다. 십자가에 매달아 놓으면 죽는 데 최소한 3일이 걸린다고 한다. 먹지 못하고 피가 다 빠진 후에야 서서히 죽어가니 얼마나 잔혹한 형벌인가. 예수님이 쉽게 죽은 건 매를 맞으며 피를 많이 흘렸고, 이미 탈진 상태에서 반은 죽은 상태로 매달렸기 때문일 것이다.

예수님의 행보는, 당시 기득권자들을 화나게 한 것은 지금 우리 세대도 마찬가지다. 아마 지금 우리 사회에 예수님이 다시 오신다 해도 정치범이나 사회 혼란을 부추기는 자, 빨갱이, 불순분자라는 이름으로 사형선고 아니면 감옥에 투옥되어야 했을 것이다. 예수님도 아셨다. 사회를 개혁하기에는 계란으로 바위치기라는 것을. 전혀 승산이 없는 이 행동에 논리나 상식적인 계산은 없었다. 하느님의 뜻이냐 아니냐만 생각했던 것이다. 예수님의 계산은, '하느님이 바라시는 것이냐? 아니냐?'의 단순한 계산이었다. 예수님이 아이들을 축복하신 것도 이 단순함 때문이었을 것이다.

예수님의 수난은 인간 사랑의 표현이다. 친구를 위하여 목숨을 내놓는 것보다 더 큰 사랑은 없다. (요한 15:13) 기쁨은 누구와도 함께 나눌 수 있으나 고통은 사랑하는 사람만이 함께 나눌 수 있다. 십자가는 예수님의 선택이었다. 하느님의 뜻을 따르기 위함이며 궁극적인 사랑의 표현이다.

예루살렘에 들어가면 죽을 줄 알았으면서도 그 길을 택하신 예수님의 심정을 헤아려 보며 묵상기도를 한다.

사랑은 반드시 고통을 포함한다. 고통을 포함하지 않는 사랑은 존재하지 않는다. 누군가가 사랑을 하고자 한다면 고통을 받아들일 마음의 준비를 해야 한다. 사랑에 포함된 그 고통을 피할 길은 없다. 사랑이 크면 그 고통도 크다. 내가 누군가를 얼마나 사랑하는 가는, 그를 위해 어느 정도까지 고통을 받아들일 수 있는가의 물음이다.

십자가는 자기포기다. 하느님의 뜻을 실천하기 위해 자기 뜻을 포기하겠다는 의지가 없으면 하느님의 뜻을 찾는 것이 불가능하다. 내 뜻을 포기할 준비가 되어 있으면 하느님의 뜻이 보인다. 누구든지 내 뒤를 따라 오려면, 자신을 버리고 제 십자가를 지고 나를 따라야 한다. 정녕 자기 목숨을 구하려는 자는 목숨을 잃을 것이고, 나 때문에 목숨을 잃은 사람은 목숨을 얻을 것이다. (마태오 16:24)

그리스도인은 고통을 사랑으로 승화시켜야 한다. 우리에게 주어지는 고통을 그리스도를 위해서 혹은 누군가를 위해서 하느님께 봉헌하는 것이다. 고통을 견디고 참아내는 것을 넘어서 적극적으로 사랑을 살아 내는 것이다.

그는 매를 맞아 죽어 가면서도 신음 중에 큰 소리로 말했다.

거룩한 지식을 가지고 계신 주님께서는, 내가 죽음을 면할 수 있었지만, 몸으로는 채찍질을 당하여 심한 고통을 겪으면서도 마음으로는 당신에 대한 경외심 때문에 이 고난을 달게 받는다는 사실을 분명히 아십니다. (마카베오하 6:30)

하느님 도대체 어디에 계신가

최후의 만찬을 묵상해 본다.

나의 죄 때문에, 나를 구원하기 위해 십자가 길을 택하신 예수님의 수난의 길을 천천히 상상해 본다.

"내가 고난을 당하기전에 너희와 이 과월절 음식을 함께 나누려고 얼마나 별러 왔는지 모른다." (루카 22:15)

세상을 떠날 준비를 하는 마지막 밤, 마지막 식사에 사랑하는 제자와 함께 하도록 준비한 그 심정. 발을 씻겨 주시며 사랑을 표현하고 실천하셨다. 유다도 같이 있었지만 똑같이 대해 주시는 너그러움. 나의 마지막 식사라면 누구를 초대할 건가? 무슨 말을 할까? 내가 어려움을 느끼는 사람이 있다면 이 만찬과 세족례에 초대해 보라 한다. 그리고 예수님이 그 사람을 어떻게 대하시는지 보면서 나의 느낌을 느껴 보라 한다. 예수님이 유다를 대하듯 나도 그렇게 대할 수 있을까?

겟세마니에서 공포와 번민에 휩싸여 피땀을 흘리며 기도하고 있는 예수님 옆에서 나는 어떻게 하고 있었는가?

"내 마음이 너무 괴로워 죽을 지경이다. 너희는 여기에 남아서 나와 함께 깨어 기도하라. (마태 26:38)"

예수님도 우리의 위로와 기도가 필요하시다. 당신의 힘든 시기에 당신과 함께 있어 주기를 부탁하셨는데 사랑한다며 따라다니던 제자들은, 예수님이 위험에 처해 있을 때 모두 달아났다. 나도 그랬다. 신의 모습이 아니고 인간의 모습으로 보아도 엄청 큰 배신이다. 내게 도움을 청한 어려운 사람에게 나는 어떻게 대했나 반성해 본다.

'저의 하느님, 저의 하느님, 어찌하여 저를 버리셨습니까? 소리쳐 부르건만 구원은 멀리 있습니다. 저의 하느님, 온 종일 외치건만 당신께서 응답하지 않으시니 저는 밤에도 잠자코 있을 수 없습니다.' (시편 22)

'예수님이 십자가 위에서 어찌하여 저를 버리셨습니까?' 하고 울부짖지 않았다면 예수의 인성을 부인했을 것이다. 고통스러운 우리에게 얼마나 위로가 되는가. 예수님도 고통스러울 때 아버지께 소리치며 항의 하셨다는 게.

"하느님은 도대체 어디에 계신가?"
사람들이 제게 온 종일
"네 하느님은 어디 계시냐?" 빈정거리니 낮에도 밤에도 제 눈물이 저의 음식이 됩니다." (시편 42)

낭떠러지에 혼자 매달렸을 때, 앞이 안보이고, 해답도 방법도 없는 것 같고, 망망 바다에 혼자 허우적거릴 때 '하느님 도대체 어디계시냐'고, '하느님이 있긴 있는 거냐?'고 소리쳤을 때가 생각난다.

예수님의 수난에 대한 내용은 4복음에 전부 나온다. 그 구절을 알고 묵상하며 내가 그곳 현장에 함께 하면서 예수님의 모습을 지켜보며 예수님의 고통을 같이 느껴보라 한다.

고통의 장면을 상상한다. 나는 숨이 막히고 온몸에 통증을 느꼈다. 가시관에 머리가 찔리고 움직일 때마다 내 머리에 파고드는 고통을 느꼈다. 병사들이 쇠가 달린 채찍질을 하는 장면에서는 내 입에서 신음소리가 나왔다. 더 지속할 수가 없었다.

눈물이 났다.

나는 그리스도를 위해 무엇을 했는가?

그리스도를 위해 무엇을 하고 있는가?

그리스도를 위해 무엇을 해야 하는가?

고통과 모욕을 받을 때 나는 어떠했는가?

이 물음에 각자 답을 해 보라는 숙제를 받았다.

습관을 바꾸어야 인생이 바뀐다

예수님이 붙잡히고 돌아가실 때 배신하고 도망갔던 제자들을 다시 뭉치게 하고, 박해받고 순교하는 용기를 얻은 건 예수님의 부활을 보고 나서다. 죽음까지는 믿어지는데 부활에 대한 확신을 가지기가 어려운 건 인간의 상식으로는 이해 불가여서일 것이다.

아니, 그런 사람을 직접 보지 못해서일 것이다. 성경에서 보면 예수님의 몸은 우리의 육체와 다른 행동을 하신다. 자유자제로 육체가 이동하고, 그 자리에 없었던 이야기도 듣고, 눈앞에서 보이기도 하고, 사라지기도 한다. 영적인 존재 양식으로 변화된 모습이 경험해 보지 않은 인간으로는 받아들이기가 어려운건 당연하다. 당시의 나라고 해도 토마스처럼 물었을 것이다. 내가 예수님의 옆구리에 손을 넣어 보지 않고는 믿을 수 없을 것이라고. 예수님이 나타나 확인시켜 주었을 때 '나의 주님 나의 하느님'하고 고백하는 토마스는 내 모습일 거라는 생각을 해 본다. 예수님한테 하느님이라 고백한 것은 토마스 제자가 처음이다. 우리가 예수님의 재림 때 부활하는 모습은 지금의 육체가 아닐 것이다. 애벌레가 나비가 되듯 고통이 없는 새로운 모습으로 변화되는 게 아닐까? 죽었던 사람이 소생하는 것과는 다른 현상일 것이다.

교회를 지탱시키는 것은 예수님의 부활체험이다. 살아계신 예수님을 만나는 사랑으로 지탱하는 것이라 한다. 그리스도의 수난과 고통과 죽음을 통해 나의 고통과 죽음을 받아들이는 것이라면 부활은 그리스도의 변화를 통해 나의 변화를 받아들이는 것이라 한다. 예수님과의 새로운 만남을 통해 나 자신이 새롭게 태어나는 것이 부활체험이다. 부활은 과거의 사건이 아니고 현재의 사건이고 앞으로 계속될 사건이라는 것이다.

부활체험의 은총에는 평화, 생명, 용기, 소통, 믿음, 기쁨 등이 있다.

삶 안에서 기쁨의 기억을 떠올려보며 그 안에 잠겨 보라 한다. 부활에 대한 확신이 있다면 죽음이 더 이상 죽음이 아니고 희망이다. 부활하신 예수님을 만난 사람들의 공통점은, 생명에 대한

내가 만난 하느님

두려움이 없이 평화롭다. 세상이 주는 평화와 하느님이 주는 평화는 질이 달랐다. 제자들은 더 이상 죽음에 대한 두려움이 없었기 때문에 고생하며 선교를 했고, 인간의 눈으로 보면 비참하게 죽었다. 우리나라의 순교자들도 그랬다.

그동안의 내 삶에서 부활의 체험이 무엇이었는지 묵상해 본다.

내 삶이 힘들었을 때의 모습을 되돌아보며 예수님의 고통만큼이나 힘들었던가?

그렇게 비난받고 조롱받아가며 사람들에게 사랑을 표현했던가?

무거웠다고 생각했던 짐들과 십자가라고 생각했던 모든 것들이 부끄러울 정도로 하찮게 느껴졌다. 내 안에 감사와 기쁨이 나를 감싸고 초원위에서 따사로운 햇빛을 받고 있는 느낌이다.

하느님이 주는 평화는 누구도 빼앗아 갈 수 없다고 했던가?

식탁에 걸려 있는 유화 그림이다. 그동안은 무심코 지나쳤다. 자세히 보니 예수님이 제자들과 식사 하는 그림이다. 예수님의 모습 대신에 손에 든 빵과 잔에 비치는 모습이 예수님의 얼굴을 형상화 했다. 식탁에는 11명의 제자들이 모여 있다. 한쪽 어두운 구석에 유령의 모습으로 한 그림자가 얼굴을 가리고 움츠리고 있다. 예수님을 배신하고 자책감에 자살한 가리옷 유다다. 예수님의 신임이 두터웠던 베드로의 배신이 더 큰 배신감을 주지 않았을까?

그러나 한 사람은 교회의 수장이 되었고, 한 사람은 영원히 배신자의 낙인을 받았다.

한 사람은 예수님의 사랑을 믿고 회개하며 되돌아와서 더 큰 일을 했고, 한 사람은 죄책감에 빠져 절망한 상태로 삶을 포기한 결과다.

하느님의 더 큰 영광을 위해

하느님은 나를 끔찍이도 짝사랑하셨지만, 나는 그분에게 도도하게 굴었다. 생각해 보니 잘난 것도, 예쁜 것도, 가진 것도 없는 주제에. 이제야 내 분수를 알게 된 것 같다. 내게 많은 사랑과 은혜를, 가진 모든 것을 주셨는데 무언가 더 달라고 보채기만 한 것 같다.

이제는 그 사랑에 나도 무언가를 보답해야 할 것 같다. 내가 할 수 있는 그 무언가 생각해 본다.

하느님의 더 큰 영광을 위하여

계단 정면에 크게 쓰인 글자로 액자에 걸려 있다. 오르내리며 볼 때마다 더 큰 영광을 위해 나는 지금 무엇을 하고 있는가? 묵상해 본다. 생활하는 모든 것 안에서 사랑의 마음으로 사람과 사물을 바라보고, 내게 일어나는 모든 일에 하느님의 뜻을 찾는 것. 나에게 일어나는 모든 사건과 만나는 모든 사람은 내 구원에 꼭 필요해서 주신 것이라 받아들이는 것. 내 영혼의 구원을 위한 것이 하느님의 더 큰 영광을 위하는 일일 것이라는 생각을 해 보았다.

그러나 새로운 습관을 바꾸지 않으면 우리는 새롭게 변화되기가 어렵다고 한다.

이 피정을 받으면서 좋은 습관을 길들이고자 의식적으로 노력한다. 그러다가도 예전의 버릇으로 쉽게 돌아서는 무기력한 내 몸을 보면서 습관이 인생을 바꾼다는 말을 실감한다.

사랑은 말보다 행동으로 나타나야 한다는데 말하기는 누구나 쉽지만, 행동으로 옮기기는 아무나 못하는 일이다.

너무나 상업적으로 오염된 사랑이라는 말이 싫어 나는 남편에게도 자식에게도 사랑이라는 말을 함부로 쓰지 않았다. 그 말 속에는 엄청 많은 책임과, 의무와, 내가 감당해야할 무게가 너무 컸기 때문이다. 요즈음은 조금 느슨해졌다. 너무 심각하게 생각하지 않기로 했다. 나도 약간은 상업적으로 물들었는지 '고객님, 사랑합니다' 정도는 아니지만 사랑을 표현하려고 노력한다.

이냐시오 성인의 관대함을 청하는 기도를 음미해본다.

사랑하는 주님.
제가 너그러워 질 수 있도록 가르쳐 주소서.
당신을 섬기되 마땅히 받으실 만큼 섬기도록 가르쳐 주소서.
주되, 그 대가를 생각지 아니하고,
싸우되, 상처받음을 마음에 두지 않으며
땀 흘려 일하되, 휴식을 찾지 않게 하소서.
힘써 일하되, 당신의 뜻을 행하고 있음을 아는 보수 이외는
아무것도 바라지 않도록 가르쳐 주소서. 아멘.

이 피정 중에 세상과 완전히 단절되고 침묵으로 10일을 지내면서 하느님과는 많은 대화를 했다. 다행히 내 방 앞에 성체기도실이 있어 한밤중에도 예수님과 단 둘이 대화하는 시간을 많이 가

질 수 있었다. 마지막 산행에는 나와 젊은 수녀님만 걸었다. 종착점에서 앞에 가던 수녀님이 그 자리에 서서 나를 기다린다. 내가 도착하자 뒤돌아서 팔을 벌린다. 둘이는 포옹을 하고 서로의 등을 다독였다. 말은 없었지만 같이 해주어 고맙다는 표현이다.

하느님이든 사람이든 같이 걸을 수 있는 동행자가 있다는 것.

얼마나 큰 위안이고 든든한 반려자인가.

(영신수련책자 참조)

내가 만난 하느님

10장

산티아고 대신
섬티아고에 가다

12사도의 집

스페인 산티아고를 가고 싶었다. 몇 번인가 벼르다 정형외과 의사와 상담했다.

의사는 나의 주제를 확인시켜 주었다. 그렇잖아도 무릎이 퇴행성에 와 있는데 완전히 망가뜨릴 작정이냐며 과욕을 부리는 내게 일침을 가했다. 하기야 친구 중에는 걷기가 어려워 멀리 가지 못하는 친구도 차츰 늘어난다.

대신 우리나라 주변을 돌기로 했다. 요즈음 핫하게 뜨고 있는 신안에 섬티아고에 가기로 했다. 여러 여행사에서 다양한 방법으로 그곳에 가지만 나는 걷는 쪽을 택했다.

신안군에서 별로 알려지지도 않고 특별할 것이 없는 작은 섬. 대기점도, 소기점도, 소약도, 진섬을 이어 그 섬들을 살리기 위해 공모를 한 것이다. 섬의 특성을 살려 예수님의 제자 12사도의 형상과 이미지를 연상하게 하는 건축물을 만들었다. 이를 관광 상품으로 하자는 프로젝트를 작동해 기발한 건물을 만들었다. 한

내가 만난 하느님

평이나 두 평 정도의 예쁘고, 특징적이고, 상징적인, 건물이자 작품이다. 여기에 프랑스 작가 4명과 한국 작가 6명이 참여했다.

건축물은 성당도, 교회도, 절도 아니지만, 모든 사람들이 각자의 내면에 일어나는 느낌으로 기도를 하던지, 묵상을 하던지, 감상을 하던지 느낌대로 하면 된다.

우리의 일정은 배 시간에 맞추다보니 시간이 조금 일렀다. 병풍도에 가서 맨드라미정원을 보고 대기점도로 걸어가는 코스다. 맨드라미 축제를 얼마 전에 끝냈는데 코로나로 성황을 이루지는 못했을 것 같다. 변치 않은 사랑이라는 꽃말을 가진 맨드라미를 주변과 마을과 언덕에 심어 온통 붉은색이다. 색색의 구성을 맞추느라 노랑 맨드라마도 있다. 보라색 꽃은 더 화려하게 조화를 이루기 위한 배색이다. 갯벌과 바다와 소나무와 빨간색이 조화가 환상적이다. 곳곳에 12사도의 조각 동상도 세워졌다. 천사 모양으로 만들어져 보는 사람에 따라 천사로 보이기도 하고 사도로 보이기도 한다. 동상 받침대에 이름이 적혀 있어 그리스도 신자들은 사도들의 특징을 연상할 수 있다. 언덕 위에서 보는 마을의 풍경도 지붕이 붉은색이다. 관광지로 만들기 위해 노력한 흔적이 엿보인다. 하기야 굴뚝 없는 산업이라고 하는 관광산업에 모든 지자체들이 수익창출을 위해 뛰어든다. 아무도 찾아오지 않은 이 보잘 것 없는 작은 섬에 이런 상품을 내놓은 건 잘한 일인 것 같다. 우선 지역주민들과 상권과 해운업이 활성화 될 것이다. 병풍도에서 바다 한가운데에 나 있는 노둣길로 이어진 다리를 걸으며 물이 빠진 갯벌에 게들의 움직임과 이제 큼지막하게 자란 망둥이를 보는 재미도 쏠쏠하다.

- 생각하는 집 - 안드레아

　다리를 건너 처음 만나게 되는 안드레아 사도를 상징하는 집이다. 파란지붕이 이슬람풍의 느낌이 든다. 안에는 십자가와 둥근 통은 의자다. 집 옆에 고양이 조각과 소나무와 물이 빠진 갯벌의 드넓은 풍광이 시원스럽다. 붉은 지붕의 정자가 묘하게 어우러져 아름답다.

- 건강의 집 - 베드로

　대기점도 선착장에 도착하면 제일 먼저 만나게 되는 집이다. 나는 병풍도를 거쳐서 왔기에 두 번째인 안드레아집을 먼저 만난 것이다. 사도 중에 천국의 열쇠를 맡겼다는 베드로. 예수를 세 번이나 배반하고도 눈물을 흘리며 회개해 12사도 중에 으뜸 사도로 뽑힌 베드로. 예수님과 같은 모양으로 죽을 수 없다 하여 거꾸로 십자가에 매달려 순교한 베드로의 무덤 위에 지금의 베드로 성당이 자리했다. 베드로 사도의 집은 선착장에 있다. 그리스풍으로 하얀색에 둥글고 파란색의 지붕이 모자를 쓴 것 같다. 화장실과 나란히 있다. 화장실이 예뻐 그곳 의자에 앉아 사진을 찍는다. 화장실에는 삼지창을 든 천사와 별을 들고 있는 천사가 그려져 있다. 옆에는 종이 있는데 아마도 순례의 시작을 알리고 싶은 순례객들의 마음을 헤아려서일 게다. 안에는 십자가와 엉겅퀴 꽃이 붉은색과 보라색으로 그려져 있다. 양귀비꽃도 수체화로 그려있어 마음을 안정시킨다. 베드로의 가시덤불 삶을 상징해서일까? 예수님에게 중독되라는 의미일까? 나름 생각해 본다. 천정에는

　　　　　　　　　　　　내가 만난 하느님

10개의 꼬마전등이 묶인 조명등이 있다. 8각형 안에 있는 조명과 옆으로 들어오는 빛. 앉아서 기도하라는 의자가 단순하게 만들어져 있다. 순례를 잘 하라는 의미일 것이다. 그러나 사진 찍기에 바쁜 일행들은 발자국만 남기고 바삐 서두른다.

• 생명평화의 집 - 요한

예수님이 가장 사랑했다는 요한 사도는 십자가 밑에서 예수님이 유언으로 성모님을 어머니로 정해주셨다. 요한은 어느 곳에나 전교를 다니면서도 성모님을 모시고 다녔다고 한다. 그래서인지 전승에 의하면 모든 사도들이 처참하게 순교를 당했는데 요한 사도는 수명을 다 했다고 한다. 단정하고 깔끔한 외형은 흰색이다. 안쪽 벽에는 불사조 꽃이 그려져 있다. 옆에는 기린 같기도 하고 사슴 같기도 한 뿔이 3개 달린 동물이 조각되어있다. 이 건물에는 특이하게 벽이 길게 구멍이 나 있는데 그곳으로 바람이 들어오기도 하고, 그 구멍으로 밖의 풍경을 볼 수 있다. 또한 가슴 뭉클한 사연이 있다 한다. 이 땅을 기증한 할아버지가 기증 조건으로 긴 구멍 사이에서 정확하게 보이는 묘지가 돌아가신 아내의 무덤인데 보는 사람마다 아내를 위해 기도를 해 달라는 것이었다 한다. 그 말을 듣고 다시 보니 정말 그 사이로 무덤이 정면으로 보였다. 혼자 남은 할아버지는 날마다 아내를 위해 이곳에서 기도한다니 감동이다.

모두 14㎞를 걸어야 하는 길이다. 하루에 다 걸을 수 없어 이틀 동안 나누어 걸어야 한다. 이번 여행길은 혼자 신청했기에 혼자 걸었다. 오히려 잘한 것 같다. 일행이 있으면 같이 떠들어야 하고 신경 쓰다 보면 나만의 시간과 예수님과의 대화 시간을 빼앗길 수도 있었을 것이다. 아스팔트를 뚫고 나오는 대나무의 생명력을 보며 살아있다는 건 얼마나 강한지. 나는 지금 살아있는지 생각하며 걷는다.

• 행복의 집 - 필립

남부 프랑스의 건축 형태라는데 아주 날렵하고 심플하다. 바다와 소나무와 언덕 아래에 자리 잡은 붉은 벽돌과 곡선이 날렵해 별장 같다. 지붕 위에는 피뢰침 같은 물고기 형상이 있고 바닥은 돌로 박혀 있다. 빛이 들어오게 유리로 된 십자가 형상은 원목으로 되어 있는 천정과 잘 어우러진다. 누군가가 작은 책상에 작은 성경책을 올려놓았다. 독특한 건축미가 돋보여 작가를 보니 역시 프랑스 사람이다. 배경도, 주변도, 건축물도 예뻐 사진을 많이 찍는다. 사람이든 건물이든 예쁘고 볼 일이다.

• 그리움의 집 - 야고버

논길을 걸어 산 밑에 있는 야고버의 집은 소박한 시골집 같다. 그래서 정겹다. 양옆에 나무 기둥을 나란히 받쳐놓은 게 오래전에 시골집을 연상하게 한다. 붉은 기와와 흰색 벽이 산골 예배당 같기도 하다. 안에는 장미 넝쿨 같은 벽화와 촛대가 있다. 3개의 불을 켜게 되어 있는데 마치 두 팔로 들고 있는 느낌이다. 조명처럼 보이는 5개의 작은 창은 빛이 반사되어 은은하다.

5군데를 마치는 걸로 하루 일정을 마쳤다. 7시 반에 사당역에서 버스를 타고 배를 두 시간 넘게 타고 왔으니 피곤하다. 이곳은 호텔이나, 펜션, 모텔이 없어 모두 민박을 한다. 민박집은 돌담 골목을 돌아가 마치 옛 시골을 연상하게 해 마음이 포근했다. 풀어져 있는 개는 짖지도 않는다. 맨드라미, 과꽃, 호박, 코스모스, 우리가 흔하게 보는 정겨운 꽃들이 울타리용으로 피어있다. 여러 집으로 분산 되어 있는 일행들은 미사 하는 데서 만났다. 비닐하우스 안에서 미사를 했다. 일행으로 오신 신부님은 탈북자 가정 남자 아이들 8명을 데리고 같이 살고 있는 분이다. 사정이 어려움을 알고 있는 신자들이 후원을 해 주기도 해 나도 후원계좌를 받아왔다.

이곳의 새우가 엄청 맛있다고 하던데 저녁밥상에는 그야말로 내가 좋아하는 시골 나물과 바다나물 생선찜과 새우찜이 푸짐하게 나왔다. 그러나 나는 하나도 먹지 못했다. 단식 후에 보식 이틀째라서 아무것도 먹을 수 없었다. 하필 이날이나 싶었지만 내가 계산을 하고 잡은 날에 태풍이 불어 배가 출항을 못해서 이날로 미루어진 것이다.

이번 여행에서 내가 가져간 효소들만 먹고 강행군을 해야 했다.

• 감사의 집 - 발도로메오

이튿날 시작은 오솔길을 걸어 필립 집을 지나 다리를 건넌다. 물이 빠진 바다 한가운데에 운치를 감상하며 갯골에서 떠오르는 태양을 본다. 환희, 감동, 물 빠진 갯골에 구불구불 물이 차있는 모습은 그림이다. 예술작품이다. 하느님께 감사노래가 절로 나온다. 발도로메오집은 호수 가운데 아크릴로 만들어 각각의 색들이 빛에 반사되어 또 다른 느낌이다.

• **인연의 집 - 토마스**

예수님의 다섯 상처를 확인해야 믿겠다고 해 의심이 많은 제자로 알려진 토마스 집은 천정이 별모양 같기도 하고 왕관 모양 같기도 하다.

양쪽에 하얀색 창문이 균형 잡혀있다. 하얀색에 남색 테두리는 강렬해 보인다. 안에 바닥은 별이 떠 있는 듯 돌이 박혀있다. 탁자 위에는 작은 성경책과 초와 십자가가 있다. 성경책 갈피에 천 원짜리 돈이 끼워져 있다. 아마도 누군가가 끼어 놓았을 것이다. 어딜 가나 부자가 되기를 염원하는 할머니들이 끼워 놓았을 것이다. 더 큰 부자 되려면 만 원짜리를 놓지. 하기야 천 원짜리라 누가 빼 가지 않았을 것이다. 절에 가면 애기동자 상에 동전이 쌓인다. 부처 앞에도 돈을 놓고 가기를 좋아 하는 우리네 할머니들의 기원은 돈으로 표현하는가 보다. 벽에는 두 개의 촛대가 균형을 이루고 있다. 십자가모형이 뚫어져 있어 빛이 안으로 반사되는 게 묘한 여운을 남긴다. 마치 어둠을 밝히는 예수님의 이미지가 집 안으로 은은하게 스며들어와 평화로움이 느껴진다.

• **기쁨의 집 - 마태오**

갯벌에 난 길을 걸어 소악도로 가는 한 가운데 축대로 쌓아 세워진 마태오 집은 소나무 사이로 멀리서 보니 그야말로 예술품이다. 황금빛을 띠는 3개의 지붕은 정교회 건물 같다. 깃봉 같기도 한 봉우리라 가운데는 크고 양쪽은 작게 균형을 잡았다. 이곳에서 많이 나오는 양파를 상징한다고도 한다. 큰 깃봉 위에 아침 해가 빛을 반사하는 모습이 경이롭다. 정문은 동쪽을 향해 있어 떠오르는 태양빛을 그대로 담을 수 있다. 빛을 반사하는 금색이 화려하다. 안에는 중세풍의 타일이 고급스럽다. 창문으로 들어오는 빛의 색이 유리의 색에 따라 다르게 느껴진다. 한 가운데에 원형으로 자리한 모형은 여러 가지 생각을 하게 했다. 벽에는 촛불을 형상화한 모형도 있다. 물이 들어오면 바다 한 가운데 떠 있는 모습이다.

물이 빠진 갯벌은 그 자체가 동양화를 그렸다. 갯벌위에 솟아오르는 아침 해가 웅덩이에 남아있는 물 위에 비쳐 반짝거리는 작은 빛들. 하느님께 저절로 찬미의 노래가 나온다. 인간이 이런 감동적인 모습을 만들 수 있을까? 인간이 만드는 모든 예술품은 하느님의 작품을 모방한 모조품이다. 환희와 찬미를 드리고 싶은 이 순간, 그대로 멈추고 싶었다. 한동안 그 자리에 서서 숨을 가다듬었다.

갯벌에서 뛰고 있는 망둥이와 부지런히 옆으로 기는 게를 지켜보며 저들도 살아내느라 애쓰는구나.

살아 있는 모든 것들은 살아내느라 애쓰는구나. 했다.

• **소원의 집 - 작은 야고버**

예수님의 12제자 중에 이름이 같은 사람이 셋이나 있다. 야고버. 유다. 시몬이다.

아마도 그 당시에 가장 흔한 이름이었나 보다. 하기야 예수 이름도 성경에 보면 여러 명이다. 소악도에는 작은 야고버의 집만 있다. 큰 야고버 집은 대기점도에 있다.

근처의 교회도 '12사도 종'이라고 쓰여 있다. 한참을 걸어 뼹 돌아서 찾아간 야고버의 집은 우리나라 옛 토담집 같은 느낌이다. 바닥도 원목으로 되어 있어 친근감이 든다. 천정 구석 면을 스테인드글라스의 유리가 특징적으로 보였다. 스며드는 빛이 희망적인 느낌이다. 매우 한국적인 작품이다.

• 칭찬의 집 - 유다 다태오

소악도보다 더 작은 진섬에는 선착장 근처에 유다의 집이 있다. 배반자 유다와 이름이 같아 억울할 것 같기도 하다. 두 제자를 구분하기 위해 배신한 유다를 가리옷 유다라고 부르긴 하지만 오해를 받기도 했을 것 같다. 나도 동명이인의 오해를 받던 기억이다. 다태오 유다의 집은 뽀쪽 지붕이 네 개가 연결되어 있다. 건물 전체가 하얀색이다. 지붕에 구멍이 네 개가 벽에 큰 구멍 2개 창문이 보라색으로 되어 있어 좀 이색적이다. 안에는 양탄자가 깔려있다. 원목 판과 간단하고 단순하게 만든 탁자 위에 날씬한 화병이 놓여있다. 창문에 아기 천사상이 턱을 괴고 내려다본다.

• 사랑의 집 - 시몬

시몬 집에 가려면 작은 호수를 지나야 한다. 그곳에 청둥오리가 한가로이 노닌다. 가을의 들녘에 감이 주렁주렁 달려있는 게 풍요로워 보인다. 보이긴 한가롭고 아무 걱정 없어 보일 것 같은 풍경들. 그 속에서 흙을 일구는 노인들의 얼굴이 밭고랑 같다. 바닷가 소나무 밭에 자리한 시몬의 집은 두 귀를 종긋 세운 모형이다. 조가비 형상이라는데 속이 뻥 뚫어져 그 안으로 바다가 보인다.

전체가 하얀색이다. 안에는 벽에 조가비모형이 붙어 있다. 작은 창문에서 소소한 빛이 들어온다. 소나무와 바다와 어우러져 운치 있어 보인다.

• 지혜의 집 - 가롯 유다

외딴 섬에 혼자 있는 유다 집은 왜 지혜의 집이라고 했는지 모르겠다. 그러나 다른 어느 집에 비해 가장 튼튼하게 멋있게 지어진 건물이다. 썰물 때는 건너기가 어렵다는데 아주 작은 섬에 언덕 위에 자리한 건물은 그야말로 교회의 전형적인 모습이라 의아했다. 성당을 연상하게 하는 높은 종탑에 십자가 모형이다.

많은 생각을 했다. 유다의 배신으로 예수님의 구원사업이 완수한 것일까?

성경을 읽다 보면 예수님이 유다에게 배신의 악을 넣어준 장면도 있다. 어쩌면 본인의 계획된 구원사업 프로그램에 유다를 이용 했는지도 모른다는 생각은 나의 불손한 생각일까? 그렇다면 배신자로 낙인찍힌 유다는 억울할 수도 있을 것이다.

만일 유다의 배신이 없었다면 신약성경이 쓰여 질 수 있었을까?

예수님의 구원계획에 유다의 역할이었다면 우리는 그를 비난해서는 안 될 것이다.

내가 본 12사도 건물 중에 가장 교회풍의 건축물이다.

여러 가지 생각을 하게 된다.

보라색 마을에 가다

신안에는 크고 작은 섬이 천 개가 넘게 있다고 한다.

우리나라는 인도네시아, 필리핀, 일본 다음으로 섬이 많은 나라다.

아직도 정확한 섬의 개수를 모른다고 한다. 통계청에서는 3170개, 국토교통부에서는 3677개라고 하니 아직도 파악이 안 된 건가?

사람이 사는 섬과 안 사는 섬. 그래도 독도처럼 사람이 안사는 곳이지만 국토 상으로는 큰 의미가 있다. 중국처럼 인공 섬을 만들어 해역을 차지하려는 야심을 가지고 있는데 있는 섬도 빼앗길 위기에 있는 우리나라는 강대국 사이에서 항상 긴장하고 있어야 할 것 같다. 그중에 3분의 1이 신안에 속해있다. 1,004개 섬이 있다고 해 듣기 좋은 이름으로 '천사섬'이라 자칭해 관광객을 부르고 있다.

박지도와 안좌도에 있는 작은 섬을 이은 다리와 마을, 지역을 보라색으로 칠하고 보라색 꽃을 심고, 온통 보라일색으로 꾸며 축제를 한다.

퍼플 섬이라는 홍보를 대대적으로 했다.

나름대로 특색이 있다. 쓰레기 수거차도 보라색이고 긴 다리의 교각도 온통 보라색으로 칠했다. 지붕도, 땅바닥도, 안내판도, 보라. 보라색 옷을 입고 오는 사람에겐 입장료 5천 원도 무료다. 물건을 파는 아줌마의 옷도 앞치마도 보라다.

들녘엔 보라색의 꽃들을 심었다. 섬을 한 바퀴 돌 수 있는 작은 드라이브차도 보라색이다.

지자체에서 계획을 잘 했다는 생각이 들었다. 이런 이벤트가 아니면 여기까지 사람들이 찾아오기 힘든 곳이다.

보라색 다리로 이어지는 섬을 걸어서 가도 즐겁다. 바다위에 다리는 길지만 나무로 되어 있다. 색칠하기 좋게 하려는 의도 같다.

맨드라미꽃을 심어 '변치 않은 사랑'이라는 이름으로 축제를 한 섬도 12사도를 응용해 관광지를 만든 이름 없는 섬도, 그대로를 이용해 멋진 관광지를 만들었다. 주민과 지역이 사람으로 활성화 되어간다. 좋은 아이디어가 지역을 살리는 모습을 보면서 모든 최상의 여건이 갖추어진 시흥은 왜 이런 아이디어를 내지 못할까 아쉬웠다.

박지도 섬 이름을 기억하기 좋게 큰 바가지를 만들어 보라색을 칠해 세워 놓은 것도 인상적이다. 1인당 3천 원의 요금을 내면 귀엽게 작은 보라색 차로 섬을 돌 수 있다. 바닷가를 운전하며 도는 데 운전면허증이 있는 사람이 운전을 해야 한다.

5명이 탈 수 있다. 우리 차는 남자분이 운전을 하다 길을 잘못 들어 엉뚱한 마을로 들어가 우왕좌왕 하기도 했다.

주민들의 협조도 대단한 것 같다. 관광객이 다니는 길옆에는 농작물이 아니라 보라색 꽃을 심었다.

사람의 마음을 홈쳐야 돈을 내놓고 간다.

별로 쓸모없는 섬을 이용해 사람을 끌어 모으는 신안군의 노력이 엿보인다.

11장

제주도 성지순례

마라도에 가다

　제주도를 몇 번 갔지만 나름의 추억이 다르다.

　비를 맞고 다녔던 일, 비행기가 뜨지 못해 하루를 더 묵어야 했던 일, 눈 쌓인 한라산에 오르다 고생했던 일, 피정 갔다가 강정마을에서 깃발 들고 시위했던 일이며 추억이 많다. 이번에 또 제주도를 간 이유는 마라도와 추자도를 간다고 해서다.

　코로나 중에도 제주 성지순례 일행은 25명이다. 그중에 3명의 남자가 같이 했다. 좋은 일에는 남자들이 없다. 지난 순례에 연세가 많은 형제님이 몸이 건강치 못해 걸음 걸이가 힘들어 보였다. 중풍으로 회복단계라는데 혼자서 비칠거리는 모습이 안타까워 같이 걸어주고 사진도 찍어 주었었다. 그게 많이 고마웠다며 이번 제주도에 갈거냐 물어왔다. 추자도와 마라도에 가고 싶어 나선 길이다.

　비행기에서 내려 용두암을 한 바퀴 돌았다. 처음 제주도에 왔을 때 느꼈던 용두암에 대한 기억보다 초라한 느낌이다. 초등학교 때 운동장이 엄청 넓어 보였는데 이제금 가 보면 추억보다 작아 보이는 그런 느낌이다. 용을 좋아한다는 중국 사람이 꼭 들린다는 용두암은 중국인이 없어 너무 한산하다.

유방이 탱탱한 인어아가씨는 포근한 미소를 머금고 있는데 누구도 별 관심을 가지지 않는다. 돌하르방 부부가 오히려 정겨운 모습이다. 한 음식점에 해녀의 조각상이 유달리 허벅지 근육이 튼실해 보인다. 지금 연세가 많은 해녀들이 10년 후에도 살이 있을까? 아마도 그 명맥이 이어가기 어려울 듯싶다.

오랜만에 바다를 본다. 그동안 코로나로 막혔던 가슴이 뻥 뚫어지는 느낌이다.

웅진항에서 출발하는 마라도행 여객선을 타고 '짜장면이요' 하는 프로로 유명해진 마라도에 도착했다.

최남단 섬이다. 작은 섬이라 1시간 정도 걸으면 갈 데가 없다. 예전에 주민들이 살았다는데 지금은 영업적으로 아니면 휴양 차사는 정도라 주민은 많지 않다. 그래도 몇 집 남아있는 음식점들은 코로나로 치명타를 입은 듯하다.

'짜장면 시키신 분', '마지막 짜장집', '대한민국 마지막 횟집', 'GS25 편의점'도 있고 마라도 섬 다방도 있는데 예전 같지 않아 우울한 것 같다.

바다를 끼고 해변을 걷는 길은 시원하고 좋았다. 아담한 절도 예쁘다. 꽃과 억새와 푸른 잎들이 어우러진 바다풍경은 마음을 씻어 내린다. 하얀 벽 칠에 빨간 기와로 아담하게 지은 집은 평화로워 보인다. 주인남자가 마당을 다듬는 모습은 풍경화 같다. 해양경찰서가 이곳의 마지막 섬이라는 느낌을 실감하게 한다.

세계에서 가장 작다는 성당은 귀엽게 생겼다. 내가 보아온 가장 작은 성당은 아니다. 뉴질랜드에서 본 성당은 두 사람이 들어가는 성당이 있는데 그래도 이곳 성당은 몇십 명은 들어갈 수 있을 듯하다. 신부님이 주재하지 않는다고 한다. 예전엔 계셨는데 요즈음은 재정 상황이 어려워 기거하지 못할 것 같다. 공사하고 있는 해양기지 전망대가 마라도 어디에서나 상징처럼 보인다. 참 고즈넉하고 평화롭다.

에코랜드 풍경

추자도를 가기위해 온 제주는 내 뜻대로 움직여 주지 않았다.

날씨는 화창하고 좋았다. 변덕이 심한 섬 날씨에 이처럼 좋은 날이 드문데 이번에는 풍랑이 아니고 배가 고장이 나서다. 목포에서 왕래하는 배가 고장이나 제주로 올 수 없다보니 추자도를 갈 수 없게 된 것이다.

섬이라는 한계다. 섬에 여행을 가려면 비상금을 두둑이 가지고 가야한다. 카드가 없던 시절에는 그래서 금반지를 끼고 간다는 말이 있었다.

추자도 일정 대신에 에코랜드에 갔다. 어린이들과 같이 가족 나들이를 하면 좋을 이곳은 기차를 타고 내려 구경을 하고 다음 기차를 타고 다음 정거장으로 옮겨 구경하는 일정이다. 5월쯤에 오면 꽃과, 나무와, 풍경이 잘 어우러져 참 예쁠 것 같다. 아직 이른 봄이라서 나무도 발가벗은 채고, 꽃도 없어 좀 황량하다. 그러나 기차를 타고 간다는 설렘은 새로운 기분이다.

동백의 열정적인 꽃빛이 곱다. 다른 꽃이 아직 없어서일 게다.

내가 만난 하느님

노란 유채꽃을 보면 병아리를 연상하게 한다. 또한 유치원의 어린이가 떠오르는 것은 노란색의 이미지가 뇌에 각인되어서일 게다. 호숫가에 지은 호텔은 잔잔한 물에 비치는 모습이 동화적이다. 위에 있는 하얀 건물과 물에 비치는 하얀 건물이 붙어있는 느낌이다. 데크를 따라 산책하는 느낌은 괜히 설렌다. 그동안 밖의 신선한 공기에 굶주려서다.

호숫가는 벚꽃 필 때면 환상적일 것 같다. 호수에 비치는 벚꽃의 화려함을 보러 언젠가 다시 오고 싶다. 풍차는 어디에서 보든 이국적이다. 풍차 앞에 말을 타고 위풍당당하게 작대기를 들고 있는 기사상은 아마도 돈키호테를 상징한 것 같다. 자기의 상상 속을 현실로 착각하며 행동했던 돈키호테를 세상 사람들은 정신 이상자로 취급하며 비웃고 있지만, 우리 모두가 그렇게 살고 있지 않나 생각해 본다. 현실과 허상과 이상을 조화시키지 못해 좌충우돌하며 허둥대는 일상이지 않은가?

어린이들이 뛰어놀 수 있는 넓은 대지는 동물모형들이 많다. 호수 근처에 연주하는 세 명의 악사 모형도는 동화 속에 나오는 서양 청소년이다. 기왕이면 우리나라 청소년 얼굴을 했으면 보는 어린이들에게 희망과 꿈을 주지 않을까 하는 아쉬움이 들었다. 우린 의식적으로 서양인에 대한 동경을 가지고 있는 듯하다.

보트와 오리배가 손님을 기다리고 있다. 그들이 활발하게 소임을 다할 수 있을 때가 언제쯤일지 그날이 빨리 와 신나게 움직이는 모습을 보고 싶다. 연병장에 규율잡고 서 있는 군인처럼 한 줄로 묶여 있는 놀이기구들이 너무 질서정연해 답답하다.

부지런한 수선화가 얼굴을 흔들며 봄이라 알려준다. 호수의 경비병처럼 큰 북극곰이 서 있는 모습이 외로워 보인다. 여기 들어

온 사람들은 거의 나이 든 어르신들뿐이다. 곰을 붙들고 좋아라 할 어린이가 없다. 곰이 한층 더 우울해 보이는 건 앞으로도 어린이보다는 노인들이 더 많이 올 거라는 불안 때문일 것이다.

어르신들에 사진을 찍어 주었다. 어쩌면 그 모습이 마지막 즐거운 모습일지도 모른다는 생각이 든 것은 오늘에 충실하자는 나의 의지에서일까.

황톳길은 힐링을 준다

피크닉가든 역에 내려 주변을 산책했다.

가족들이 소풍 오면 좋을 것 같은 장소다. 어린이들의 놀이기구와 예쁜 모형들이 어른들도 동심에 몰입하게 한다. 호기심을 불러올 동화 같은 집과 놀이터와 넓은 잔디광장은 아기자기하다.

풍선을 달고 있는 자동차는 타겠다고 졸라대는 어린이들이 없어 기운 빠진 듯하다. 언제쯤이나 활기찬 모습으로 다시 돌아올까?

숲과 암석의 합성어라는 곶자왈은 예전엔 버려진 땅이었다. 암석뿐이라 농사를 지을 수 없는 땅이라 전혀 쓸모 없다 여겼던 것이다. 그러나 지금은 우거진 숲으로 제주도의 보물이 되어 있다. 속담에 쥐구멍에도 볕들 날 있다고 했다. 옛날에 대우받고 화려했던 장소나, 직업이나, 사람들이 세월의 변화 앞에서 퇴보되어 가고, 버림받았던 것들이 부러움의 대상이 되었다.

곶자왈을 이용해 관광객을 끌어 오는 힐링의 산책길을 만들었다. 지금도 길을 만드느라 공사 중이다. 단풍나무길, 수국꽃길,

맨발체험길, 자작나무길, 습지와 말이 노니는 목장도 카페도 있지만 역시나 활기가 없고 운영이 어려워 문을 닫고 있다.

황톳길을 걷는 길이 고즈넉하다. 붉은색 길을 천천히 걸어보는 게 큰 호사다. 다른 일행들은 빠른 걸음으로 돌아 걷는데 걸음이 빠른 나는 이번에는 오히려 느긋하게 걸었다. 연세도 많은데다 중풍으로 걸음이 느린 형제의 발걸음에 맞추기 위해서다. 열심히 사진도 찍어 주었다. 지금 이 순간 내가 할 수 있는 이웃 사랑의 실천이다.

매화가 은은한 향을 풍기며 피어있다. 노란 꽃도 조화롭게 피어있다. 꽃을 배경으로 보는 사람들마다 사진을 찍어준다. 내가 찍어준 사진은 그들에게 처음 가져보는 독특한 사진일 것이다. 모두 좋아라 하는 모습에서 나도 행복하다.

1.2㎞ 둘레길에서 800m를 돌아오는데 이번에는 허리까지 아파 걷지를 못하는 자매가 혼자서 헉헉거린다. 그 모습으로 원점으로 갈 수 없을 것 같다. 같이 온 일행은 먼저 가버리고 아무도 없는 곳에 두려운 모습으로 당황해 하고 있다. 다시 왔던 길로 뒤돌아 가라며 같이 걸어 주었다. 나하고 같은 나이인데 시골에서 농사를 짓느라 너무 고생을 많이 해 허리와 다리가 뒤틀려 수술도 할 수 없다고 한다. 더 걷지 못하기 전에 제주도에 순례를 왔는데 힘들다며 주저앉는다. 주변에 폐를 끼치는 게 미안해 혼자 가겠다고 하는 걸 부축하며 걸었다. 형제보다 더 힘들어한다. 몇 발자국 걷다 쉬고 하는 게 답답했던지 다리 아픈 형제는 먼저 앞서간다.

이번에 오는 순환기차를 타지 못하면 일행과 만나기가 어렵다. 그러나 이 자매의 마음은 나보다 더 불안할 것이다. 둘이서 같이 늦으면 그래도 위안이 될 것이다. 초조해 하는 마음을 안정시키고 부축하며 걸었다. 어쩌면 이 자매는 이 순례가 마지막일지도 모른다. 걸어서 미사만 갈 수 있게 해 달라고 기도한다는 이 자매의 바람이 남의 일 같지 않다. 다행히 일행들과 기차를 탈 수 있었다. 고맙다며 자매가 초콜릿 하나를 주었다.

제주 박해의 흔적

• 정난주 묘

제주도에는 의외로 성지가 여러 곳이 있다. 정난주 마리아 묘가 있는 대정성지에 갔다. 정난주는 황사영백서를 쓴 황사영의 부인이다.

정난주는 정약용의 맏형인 정약현의 딸이다. 정하상 바오로의 누님이기도 하다. 양반 집안이 천주교를 믿는 이유로 풍비박산이 났다. 가문이 몰락하고 죽임을 당했다.

정난주는 제주도에 유배되어 대정에서 관비로 37년 동안을 살았다. 귀한 양반집의 딸이 신앙 때문에 평생 노비로 살았다니. 내가 그 입장이 되었다면? 지금 그런 박해가 다시 온다면 나는 그럴 수 있을까? 상상도 하기 싫다.

66세를 사는 동안 신앙을 지키며 이웃을 돌보며 혼자 살았다한다. 제주도에 첫 신앙인이다. 교황한테 보내는 백서 사건으로 역적으로 몰려 남편은 순교하게 되고 두 살 된 아들은 추자도에 남겨지게 되었다니 신앙을 지켜야 했던 선조들의 믿음에 가슴이 아파 온다. 추자도에 남겨진 아들은 오씨가 데려다 키우게 되는데 나중에 발견된 옷 저고리에서 황경한임이 알려져 지금도 추자도에서는 오씨와 황씨는 결혼을 안 한다고 한다. 묘지는 우아하고 아름답게 단장되었다. 키가 큰 야자나무 가로수가 이국적이다. 주변에 둘러 있는 예수님의 수난사를 형상화한 14처가 실감 있게 조각되어 있다. 붉은 동백꽃이 정난주 순교자의 하느님에 대한 뜨거운 사랑을 증거하는 듯하다. 박해로 목숨을 잃은 건 아니지만 순교자 이상으로 거룩한 삶을 살아 순교자로 추앙받게 되었다.

• 김기량 현양비

김기량순교현양비는 배를 상징하는 모형으로 순교지를 조성했다.

제주도 사람으로서는 최초로 천주교신자가 되었다. 배를 타고 중개무역을 하는 사람이 풍랑으로 한 달을 표류하다 중국 광동성에서 구조된다. 홍콩에 있는 외방전교회에 인도되어 조선인 신학생에게 교리를 받고 영세를 했다. 하느님의 뜻은 참 오묘하시다. 육지와 제주를 오가며 당시에 박해받던 교우들과 연결고리가 되어 활동했고 제주 선교사 노릇도 했다. 붙잡혀 모진 고문을 받으면서도 죽을 때까지 신앙을 버리지 않았다고 한다. 김기량은 123위 복자 위에 올라 있다. 그분을 기리는 순교자 현양비는 기념관을 증축 수리하고 있다. 배를 형상화한 모습과 현양비도 돛대 모양으로 되어있어 특이하다. 하느님이 필요하시면 어떤 방법으로든 부르시는 역사를 본다.

• 관덕정

성지순례를 오는데 왜 제주 관아인 관덕정에 왔는지 의아했다.

관덕정은 이곳에서 제주의 뼈아픈 역사와 사건사고를 지켜보던 장소다. 관리들의 부정부패로 일어나는 민란들을 약자인 천주교도들에게 뒤집어씌우고 그들을 붙잡아 고문하고 매질하고 처형했던 장소다.

예나 지금이나 권력자들은 자기들의 행패를 죄 없는 약자들에게 누명을 씌우고 자기대신 약자를 탄압했던 것이다. 그때 죽었던 신자들이 350명으로 추정된다고 한다.

추자도를 못가는 게 미안하다며 여행사 측에서 한턱냈다. TV 먹방에서 보는 큰 통갈치를 상에 올렸다. 통째로 구워 나온 갈치는 크기도 하고 살집도 좋다. 나도 처음 보는 메뉴다. 갈치는 제주도에 와서나 이렇게 먹어보는 메뉴다. 하지만 내게 있어 가장 맛있었던 갈치 기억은 어렸을 때 어머니가 해 주신 갈치조림이다. 감자를 넣고 매콤하고 자작자작하게 졸인 갈치 맛이 잊을 수 없어 내가 해 봤지만 그 맛이 나지 않는다. 어머니도 없는데 갑자기 감자갈치조림이 먹고 싶다.

• 황사평 성지

황사평이라고 해 어느 분의 이름인줄 알았다. 그러나 지역 이름이다. 제주도는 우리 역사에 우여곡절의 아픔과 상처를, 피해와 고통을 많이 받은 곳이다. 당시 100여 년의 박해를 거쳐 신앙의 자유를 얻은 1900년대에 조정에서 세금을 많이 걷어 들이려

봉세관을 내려 보냈다. 지금이나, 그때나, 예수님 시대나, 세금은 모두가 싫어하는 일이다. 토호세력과 민중들과의 갈등을 이용하려는 일본인들의 음모와 여기에 끼어든 신자들과 얽히고설킨 감정들이 폭발해 민란이 일어났다. 여기에 기득권자들은 자기들이 빠져 나가려는 수단으로 신앙인들을 희생양으로 삼아 수백 명이 피살되었다. 신자들의 시신을 수습해 가매장했던 걸 프랑스 공사가 조정과 교섭해 황사평 땅을 받은 것이다. 황사평은 천주교공동묘지다. 공원묘지로 조성되어 성역화 하면서 제주교구의 신부와 주교의 묘지도 함께 성직자 묘지로 되어있다. 제주에서 선교사로 활동하던 파리외방선교회, 골롬바 외방선교회의 공덕비로 있다.

18,000평의 땅은 묘지들이 잘 정돈되어 있다. 당시에는 쓸모없는 외곽이었을 땅이 성지화 하면서 힐링할 수 있는 공원이 되었다. 우리나라도 서양처럼 묘지가 공원이 될 수 있다는 가능성을 보았다. 한 가운데 크고 둥근 묘지는 당시에 죽은 무명인 신자들을 합장한 곳이다. 야외미사를 할 수 있는 제단이 있다. 성가정 성상이 크게 서 있다. 넓은 묘지는 공원 같다. 당시에는 비참하게 개죽음을 당했는데 지금은 그들의 죽음을 존경하고 위대하게 높여주고 있다. 당시에 떵떵거리던 권세가들은 어디에도 이름이 없는데 비천하게 죽임을 당한 신자들의 이름을 보면서 많은 생각이 들었다. 살아서 죽은 자와, 죽어서 살아있는 자. 예수님도 죽어서 살아있는 분이지 않은가?

납골당도 같이 조성되어 있다.

오히려 성당은 몇 십 명 정도가 들어가 미사를 할 정도다. 은퇴 신부님이 미사를 집전하시는데 얼마나 정성스럽게 미사를 봉헌하는지 경건한 분위기다.

　노란 팬지꽃이 하트모양으로 가꾸어 있다. 바닥에 은총이라는 글씨를 팬지꽃으로 써놨다. 은총을, 사랑을, 눈으로만 익힌다면 그게 신앙인의 모습일까? 한참을 쳐다 보며 나를 점검해 본다. 나는 지금 은총중인가?

• 은총의 동산에서 받은 은총

　새미 은총의 동산은 성 이시돌 피정의 집안에 있다.

　나의 버킷리스트 중에 며느리와 피정을 하는 게 포함되어 있었다. 뿌리 깊은 유교 집안 안동 며느리는 내가 제시한 결혼 조건을 마지못해 수락했지만 신앙을 등한시 했다.

　여름방학을 이용해 이곳에서 피정을 같이 할 수 있어 행복한 시간을 가졌던 곳이다. 덕분에 아들도 따라오고 손자, 손녀도 여름신앙학교를 이곳에서 가지게 되어 대구에서 가족이 한 비행기를 타고 오가게 되었으니 하느님의 작전이었을 것이다. 피정 중에 제주도의 성지와, 자연과, 숲길을 같이 다닐 수 있어 아름다운 추억을 만들었다. 생각해 보니 그 시간이 하느님이 주신 은총의 시간임을 이제야 실감한다.

　일반사람들은 이시돌 목장으로 알고 있다. 매스컴들이 그렇게 소개했기 때문이다.

　전쟁의 참혹함과 해방 이후의 혼란 속에 비참했던 제주에 1954년 아일랜드 출신의 이십 대 젊은 신부가 도착한다. 25세 사제서품을 받고 첫 발령지가 제주도였다. 패트릭 제임스 맥그린치. 그는 가난한 이곳에 경제적인 자립을 시켜야 한다는 생각으로 본국 고향에 있는 부모 형제 신앙인들에 후원금을 요청했다. 양과 돼지를 키울 수 있는 시설과 공장을 짓고 주민들을 교육시킨다. 말도 못하고 경험도 많지 않은 젊은 신부의 고충이 오죽했을까 싶다. 소도 키우고 주민들에게 가난을 벗어날 수 있는 많은 목축업을 시작한다. 제주의 여건을 살려 마사회 말도 키웠다. 사료공장도 세우고 치즈를 만드는 공장도 세워 당시에는 선도적인 시스템으로 지역주민에게 봉사했다. 한국 이름은 임피제다. 한국인보다 더 한국인을 위해 헌신한다. 이시돌이라는 이름은 성인 중에 이시돌 성인이 농부 출신이라 그 이름을 붙였다 한다. 그래도 가난한 사람은 어디에나 있다. 소외계층을 위한 양로원, 유아원, 청소년을 위한 시설들을 만들었다.

2018년 89세로 선종할 때까지 이시돌을 돌보며 한국인으로 살다 한국인으로 떠났다.

신앙이 아니었으면 그렇게 살 수 있었을까?

마침 예수님의 고난주기 사순시기다. 예수님이 사형선고 받은 때부터 십자가에 돌아가신 때까지의 장면들을 형상화한 14처를 돌며 한 처 한 처마다에 묵상하며 십자가 길을 기도하는 시간을 가졌다.

1처. 예수님께서 사형선고 받으심을 묵상합시다.

2처. 예수님께서 십자가 지심을,

3처. 예수님께서 기력이 떨어져 넘어지심을,

4처. 예수님께서 성모님을 만나심을,

5처. 시몬이 예수님을 도와 십자가 짐을,

6처. 베로니카 수건으로 예수님 얼굴을 닦아드림을,

7처. 예수님께서 두 번째 넘어짐을,

8처. 예루살렘 부인들을 위로하심을

9처. 예수님께서 세 번째 넘어지심을,

10처. 예수님께서 옷 벗김 당하심을,

11처. 예수님께서 십자가에 못 박히심을,

12처. 예수님께서 십자가위에서 돌아가심을

13처. 제자들이 예수님 시신을 십자가에서 내리심을

14처. 예수님께서 무덤에 묻히심을 묵상합니다.

천천히 14처를 묵상하고 예수님의 수난을 머리에 그리며 가시관에 박힌 상처가 내 온몸에 꾹꾹 찌르는 듯 아파왔다. 부활하는 장면도 있었으면 했다.

• 김대건 신부의 표류지 용수성지

용수 성지는 용수리 해안에 있다.

마카오에서 유학해 우리나라 최초로 신부가 된 김대건 신부. 중국에서 페레올 주교와 다블뤼 신부와 일행 13명과 함께 배를 타고 귀국하던 길에 풍랑으로 표류하다 용수리 해안에 도착하게 된다. 첫 신부와 첫 주교는 이곳에서 한국 땅에서 처음 미사를 드렸을 것이다. 그들은 한강 나루터를 가기로 했던 것인데 제주도에 도착하게 된 것이다. 그러나 이것 역시 하느님의 계획이고 섭리였을 것이다. 당시 한강은 선교사들이 도착할 거라는 예상으로 경계가 심하고 모든 배들을 검색했다는 것이다.

우리의 계획과 하느님의 계획은 다르다. 내게 일어나는 모든

　　　　　　　　　　　　내가 만난 하느님

것이 내 뜻과는 다르더라도 하느님의 깊은 뜻을 우리는 모르니 순명하고 받아들여야겠다.

두 번째 오는 성지다. 예전보다 많이 다듬어 지고 새로운 건물도 생겼다. 해안가의 모습은 탁 트여 시원하고 아름답다. 라파엘 호를 형상화한 배 모형을 만들어 놓았다. 라파엘 천사의 이름을 가진 배는 목선이다.

박물관도 있어 신부의 행적과 제주교구의 역사와 그동안의 교회사를 기록해 놨다. 성물과, 성작, 제의, 선종 신부들의 유물도 있다. 신부로 살다가 죽으면 그분들은 살아서도 죽어서도 개인이 아니고 교회 속의 인물이다.

해양 가에는 성지의 유래와 일행들이 도착한 표지석이 있다. 정원처럼 잘 다듬어진 성지는 김대건 신부의 성상과 배 모양으로 만들어진 제주포착기념관이 있다.

세 명의 청년이 뽑혀 신학공부를 하러 마카오로 유학을 간다. 한 명은 도중에 토착병으로 죽게 되고 두 명이 사제가 되었다. 그 중에 김대건 신부가 먼저 사제품을 받은 것이다. 첫 번째라는 타이틀은 모두의 기억에 남는다. 그러나 1년 만에 붙들려 참형을 당한다. 그동안 고생하며 공부하고 겨우 고국에 왔는데 기량도 펴 보지 못하고 참형을 당한 것이다. 당시에는 라틴어와, 중국어와, 영어를 할 줄 아는 인재라 조정에서 많은 회유가 있었지만 죽음을 택한 것이다. 아까워라. 인간의 계산으로는 너무도 아깝다. 두 번째 최양업 신부는 평생을 박해를 피하며 사목을 했고 결국에는 지쳐서 돌아가신다. 업적은 더 많았지만 순교자로 죽지 않아 아직 성인품에 오르지 못했다. 요즈음 그분의 업적을 기려 성인품에 추서하고 있는 중이다. 기적심사에 자료가 부족하다며 교황청의 심사를 통과하지 못했다.

성지순례를 할 때마다 신앙의 선조에게 빚진 느낌이다.

이번 여행에서 나는 여러 사람을 기쁘게 했다. 우울증에 걸려 생활에 활력을 잃고 잘 걷지도 못하는 자매를 사진에 담아주었다. 다른 자매들도, 자신들의 모습을 처음 보는 새로운 인물로 코디를 해 탤런트로 만들어 주었다. 나는 여행지마다 화려한 스카프를 가지고 다니는데 이번에는 보라색 숄이 유용하게 쓰였다. 얼굴의 나이테를 지우려 선글라스를 끼우고 화려한 색의 모자를 씌우고 '행복하게 웃어요.' 하며 인물사진을 찍는다. 사진에서 보는 전혀 다른 자신의 모습에 우울증이 사라졌다며 크게 확대해 거실에 걸어 놓겠다며 즐거워했다. 나도 즐거웠다.

내가 만난 하느님

12장

400년의 박해를 보다
(일본 성지순례)

일본은 괜히 밉상이다

우리에게 일본은 괜히 밉상스럽다.

세계 사람들은 동양에서 가장 선진국은 일본이라 인정한다. 우리는 쪽발이, 왜놈, 일본놈, 이런 식으로 폄하해야 속이 후련하다. 한국인의 정서에 뿌리내린 깊은 상처 때문이다. 한편으로는 열등감일 수도 있다.

속 좁은 일본 정치인들의 결과이기도 하다.

그러나 이제는 우리도 성숙한 국민이다. 좀 더 냉정하게 일본에게서 배울 것은 배우고, 버릴 것은 버리는 지혜를 가져야 한다. 아직도 우리는 그들이 걸어온 길을 뒤 따라 가는 처지다. 우리보다 앞서 눈길을 걷는 그들을 지켜보면서, 그들이 구덩이에 빠지는 실수를 할 때, 우리는 구덩이를 피해 갈 수 있는 지혜를 배울 수 있다.

밉든 곱든 일본은 우리나라에 많은 영향을 끼쳤고, 지리적으로 가까운 이웃이고, 역사적으로 얽혀있는 관계다.

내가 만난 하느님

이번 성지순례는 여러 가지 의미가 있어 신청했다. 본토보다는 박해가 심했다는 고토의 다섯 개 섬을 간다고 해서다.

후쿠오카 공항에서 한참을 번거롭게 굴었다. 코로나 3차 접종 증명서를 가져오라고 했다. 인천공항에서 QR코드를 작성해 갔는데 인터넷이 더딘 일본공항에서 제대로 연결이 되지 않아 혼선을 빚은 것이다. 일본 젊은이들이 나와 어찌어찌 해결을 해서 겨우 수습했다. 30명이 넘는 일행은 인솔자와 신부님과 현지 가이드가 함께 했다. 손자손녀와 같이한 어르신도 있다.

나가사키에서 점심을 먹었다. 우리로서는 양이 안차는 식단이다.

나가사키는 처음으로 포르투갈 상선이 들어오면서 천주교가 들어온 항구다. 당시에는 작은 항구였는데 지금은 아주 큰 항구로 발전한 것은 이곳에서 서양 문물이 들어와서다.

나가사키는 원자폭탄으로 더 유명하다. 원자폭탄을 실은 미국 비행기는 원래 목표는 기타큐슈에 투하하기로 되었다. 그날 시야가 좋지 않아 비행이 어렵게 되자 조종사는 나가사키에 투하를 해 버렸다.

하필 일요일에 우라카미 성당 신자들이 미사를 드리고 나오던 그 시각에 그곳에 정면으로 떨어진 것이다. 신부 두 명과 많은 신자들이 즉사했다. 이 원폭으로 신자 12,000명 중 8,500명이 사망했다고 한다.

하느님! 당신의 뜻이었습니까? 화가나 따지고 싶었다.

소총을 받아 조선을 초토화하다

1542년 포르투갈인 3명이 중국 무역선을 타고 중국으로 가는 중 태풍을 만나 일본 가고시마 남쪽 타네가시마에 표류한다. 이를 계기로 포르투갈과 교역하게 되는 일본은 선교사와 소총을 받아들여야 했다. 그들은 선교사보다는 소총에 더 관심이 많았다.

그 소총으로 50년 후에 조선을 초토화했다. 임진왜란이다.

일본은 어느 종교도 번성할 수 없는 사회다. 지금도 그렇다. 천주교가 들어온 지 470년이 되었지만 지금도 신자 수는 극소수다. 가장 신자가 많다는 나가사키도 0.5% 다. 개신교는 더 뿌리내리지 못한 곳이 일본이다. 일본은 조상신을 모시는 나라다. 신이 수도 없이 많다. 800만 개나 된다는 말도 있다. 불교도 토속화 되어 정통성이 없다. 조상신들이 종교를 대신하는 나라다. 사회 전체가 그렇게 움직인다. 이따금 말썽을 일으키는 일본 지도자들의 참배. 전쟁영웅을 신으로 참배하기에 주변나라의 심기를 불편하게 하는 것이다. 태어나는 순간부터 죽어 장례를 치를 때까지 절에서 해야 하는 전통과 사회 분위기에서 천주교나 개신교가 뿌리내리기 어려운 것이다. 종교가 개방된 지금도 그런데 박해 받던 시대는 오죽했으랴.

참으로 융통성이 없는 나라다. 전통을 중시한다고 할 수도 있지만, 타성을 벗어나기 힘든 것이다. 지금도 일본의 정치를 보면 잘 알 수 있다.

성지순례에 함께 하신 신부님이 그곳 구찌 성당에서 미사를 봉헌했다. 나가사키교구청에서 순례 오는 신자들에게 2천 엔씩(2만 원 정도)을 봉헌하도록 해서 단체로 돈을 냈다. 아마도 신자수가

내가 만난 하느님

없는 일본은 성지를 보존하는데 애로가 많은 듯하다. 성당도 신자가 많지 않아 어려워 보인다. 미사를 드리는 성당에는 성의껏 봉헌함에 헌금을 넣기로 했다. 그러나 일본 신자들의 믿음은 우리보다 확실하다고 한다. 후원금에 감사표시로 나가사키교구청에서 천으로 만든 작은 손가방을 주었다. 어찌나 일본식인지 일본답다고 웃었다. 그런데 사용해 보니 아주 가볍고 편리했다.

어딜가나 바닷가라서 섬나라라는 실감이 난다. 주변은 깨끗하고 정돈이 잘 되어 있다. 방치된 쓰레기도 없다. 사람들은 조용하고 예의바르다. 음식도 식판에 혼자 먹는 문화다. 우리도 코로나 이후에는 이런 음식문화가 번지고 있지만, 전염병에 문제를 고려한다면 실천해 볼 만한 일이다. 음식을 남길 만큼 주지도 않는다. 정량을 먹으면 모자라지도 남지도 않는다. 음식이 더 필요하면 돈을 내야 한다. 버려지는 음식이 없다. 우리가 배워야 할 점이다.

호텔은 단정하고 깔끔하다. 화려하지는 않다. 일본은 팁 문화가 없어 마음이 편하다. 누군가 호텔방에 2천원을 팁으로 놓고 나왔는지 프런트에서 종업원이 이천 원의 주인공을 찾는다. 잃어버리고 나온 것으로 알았던 모양이다.

몸에 배인 친절은 우리도 배워야 할 덕목이다.

존경스런 룸메이트

나와 한방을 쓰게 된 자매는 나와 동갑이다. 그녀는 공무원으로 오래 근무하다 퇴직해 연금으로 혼자 살고 있다 한다. 결혼도 안한 그녀는 신앙에 의지하며 살고 있다는데 나를 알고 있었다.

신문에서 내 여행기와 칼럼을 읽었다고 해 반가웠다. 이런저런 얘기를 하다보니 아프리카에 우물을 파주는 얘기가 나왔다. 그녀도 한마음센터에서 추진한 브론디 우물 잇기에 후원금을 냈다고 해 우리는 공감대를 가졌다. 나도 그곳에 책을 판 금액을 보냈다. 아프리카 우물 파주는데 관심이 많아 은근히 그녀의 동참을 유도했다. 그녀는 동티모르에 여학생 기숙사를 건축하는데 재산을 다 털어 1억 원을 기증했다 한다. 마음이 변할까봐 연말에 예금한 돈을 해약해서 보냈다는 말에 내가 부끄러웠다. 세상에는 아름다운 사람이 있어 아직도 멸망하지 않고 그 덕에 우리가 살고 있는 것 같다.

호텔 조식은 일회용 장갑을 끼고 각자 식판을 들고 뷔페 음식을 날라다 먹는다. 찌개도 혼자 호롱불 같은 불에 데워서 먹는다. 그릇들이 귀여울 정도로 작다. 모든 걸 작게 만드는 탁월한 정서가 있는 일본인답다. 우리 음식점에 그릇이 그렇게 크고 무거울 필요가 있을까? 그 안에 음식은 너무 적게 나오는 비싼 음식점이 참 비효율적이라는 생각이 들었다. 가볍고 작은 게 실용적일 것 같다.

임진왜란 때 우리나라에 신부가 따라 들어 왔다고 한다. 그러나 그 신부는 선교를 한 게 아니고 호기심으로 왔을 것이다. 임진왜란 중에 고추, 호박, 가지, 옥수수 등도 들어 왔다. 일본은 포르투갈에서 메리야스, 카스테라도 들어와 지금도 그 지방의 카스테라는 유명하다. 우리의 놀이문화인 화투가 일본인 것으로 아는데 원래는 포르투갈의 카드 문화를 일본이 자기네 식으로 개조해 우리에게 전파되었다. 일본은 어떤 물건이든 자기식으로 모방하는데 탁월한 기술을 가지고 있다.

당시만 해도 일본은 우리나라에서 문물이 전해진 후진국이었다. 그러나 우리보다 일찍 서양 문물과 접하면서 무기나 의술이나 생활양식이 빠르게 발전한 것이다.

그 덕에 아시아에서는 일찍 깬 나라가 되었다. 일본의 의식이 합리적이고 생활에 질서와 남을 배려하는 사회가 된 것도 우리보다 일찍 서양 문물을 접했기 때문일 것이다. 우리의 돈에는 학자들과 정치인이 나오지만 일본 돈에는 계몽사상가나 장인, 과학자들이 나온다. 이웃나라가 내 나라보다 강했을 때 약한 나라는 항상 침략을 당한다. 일본 기초의술이 뛰어난 곳도 서양의 의술을 일찍 받아들였기 때문이다.

아이자 사적공원을 순례했다. 이탈리아 신부님인 카이로 콘스탄티노 신부가 화형당하는 모습을 형상화한 조각은 가슴을 숙연하게 했다.

불꽃 위에 신부님이 두 손을 가슴에 모아 하늘을 우러러보는 모습에 나는 눈을 감았다.

유산까지 선교비로 쓰신 드로 신부님

일본 전국을 통일한 도요토미 히데요시는 우리에게 낯익은 이름이다. 임진왜란을 일으킨 주범이다. 그는 중국까지 먹으려는 야심으로 우리에게 길을 열어 달라고 협박했다. 그에게는 이미 서양의 신무기가 있었기에 눈에 뵈는 게 없을 정도로 통이 커져 있었다. 당시에는 천주교가 많이 보급되었고 관리들도 믿는 사람이 많았다. 일본은 윗사람에 무주건 복종하는 문화여서 지역의 수령이 믿으면 전체가 따라 믿는다. 천주교 교세가 확장되면서 그동안에 지켜왔던 사회풍조가 바꾸어진다. 절에 가지 않고 장례도 절에서 치르지 않게 되면서 히데요시는 위기의식을 가져 천주교를 박해한다. 우리나라에도 정치적인 이유로 천주교가 희생양이 되어 박해를 받았지만 일본도 그랬다. 모든 선교사들에게 추방령을 내리고 신자들이 배교하지 않으면 처형했다. 배교방법도 일본식이다. 예수님이나 성모님 십자가상을 놓고 밟고 지나가도록 한다. 신자라면 얼마나 망설여졌을까? 5가구를 한 단위로 묶어 서로 감시하게 하고 그 중에 한집이라도 신자가 나오면 모두 몰살하게 하는 정책을 펴기도 하고, 지역에서 살아갈 수 없게 했다. 그러나 서양문물은 탐이 나기에 선교에는 관심이 없는 네덜란드하고만 교역을 했다. 그것도 불안해 아예 인공 섬을 만들어 서양인들은 그 섬에서만 지내도록 했다. 섬에서 일하는 일본인들은 서양인들의 음식을 해주면서 그곳에서 배운 요리를 일본식으로 응용해 샤부샤부나 돈가스 등을 개발해 세계적으로 퍼뜨린다.

800만 개의 신이 있다는 일본에서 새로운 신을 받아들이는 것은 그들에겐 너무 혁신적이었을 것이다. 임진왜란 때 잡혀온 조선의 도공들도 신으로 모셨다고 한다.

프랑스선교사인 드로 신부님이 지으신 시쓰성당에서 미사를 드리고 드로신부님기념관을 들렀다. 소토메 지역에서 건축과 토목, 의료, 문화, 교육 등에 봉사한 신부님의 업적을 기리기 위해 세운 소박한 기념관이다. 그 신부님이 쓰시던 물건을 전시한 것이다. 의료에 사용하던 인체모형, 국수판, 달력, 설계도, 연옥영혼의 구원을 위한 판화, 기적의 메달, 물레도 있고 전례복과 교리서 미사전서 등 많은 것들이 전시되어 있다.

어려운 주민들을 위해 수산물 가공공장, 마카로니 공장, 정어리그물 공장도 지어 주민들의 생계를 도왔다. 벽이 무너지지 않게 특이한 공법으로 쌓아 지금도 멀쩡하다. 그 담에 담쟁이가 예쁘게 타고 올라 멋있는 그림 같다. 신부님은 부모 유산까지 이곳에 가져 와 이곳 주민들을 위해 다 내놓으시고 이곳에서 공사하다 돌아가셨다.

그렇게 능력 있고 유능한 선교사 신부님들이 타국에 와서 목숨을 걸고 선교사업을 한다는 것에 가슴이 울컥했다.

그분들이 하느님과 함께 한다고 믿지 않았다면 할 수 있었을까?

지금도 세계 곳곳 어려운 지역에 파견되어 선교를 하고 계시는 성직자 수도자들이 새삼스레 위대해 보인다.

예수상을 밟고 가라는

만능기술자였던 드로 신부님이 직접 설계해 지은 성당은 1층으로 검소하게 지었다. 나중에 성당이 노화되어 보수공사를 하게 되면 가난한 지역 신자들이 부담스러울까봐 단순하게 지었다. 자신의 업적을 남기려는 게 아니고 신자들의 사정을 헤아린 신부님의 사랑에 가슴이 찡하다.

박해 때 신자들을 구별하는 방법은, 예수님상이나 성모상, 십자가상을 밟고 가도록 했다고 한다. 목숨이 아까워 억지로 밟고 지나와 집에 와서는 그 발을 씻어 물을 마셨다니 당시의 신앙인들은 복만 달라고 빌어대는 지금의 신자하고는 너무 달라 보인다. 지금 내 앞에 똑같은 상황이 벌어진다면 나는 어떻게 할까?

아무래도 그들처럼의 순교는 어려울 것 같다.

박해시대에 신자들을 살리기 위해 어쩔 수 없이 배교해 숨어서 신앙을 지키며 죽음보다 더 어려운 삶을 이어간 선교사와, 신앙인들의 삶을 그린 침묵이라는 책의 내용을 묵상해 본다. 영화로도 상영된 그 무거운 침묵을 과연 하느님이 보시기에 어느 쪽이 더 하느님 뜻에 맞게 사는 모습일까? 순교자인가? 살아있으면서 날마다 순교하는 모습으로 살아내며 신앙을 잃지 않은 자일까?

성경에서의 평화는 정의가 실현되는 것이라 한다. 그러나 지금의 우리는 전쟁이 없는 게 평화라고 생각한다. 하느님의 뜻과 인간의 의향은 일치하기가 어려운 듯하다.

나가사키 항은 서양인들이 처음 들어온 곳이다. 우리에게 익숙한 원자폭탄이 투하된 곳이지만 차이나타운도 유명하다. 푸치니의 유명한 오페라 나비부인의 배경이 된 곳도 나가사키다. 우리나라도 미군이 주둔한 곳에는 흔히 있었던 사건들, 매춘부와 미군 사이에 사랑과 결혼, 이별과 비극을 일본식으로 극화시킨 게 나비부인이다. 개항기 때 나가사키 항에서 겪게 되는 일들이다.

우리는 진즉 없어진 전철이 시내 한복판에 버스나 승용차들과 같이 운행된다. 공해가 없는 전철을 우리는 왜 그리 서둘러 없애버렸을까?

나가사키 항에서 1시간 배를 타고 나라오 항에 도착했다. 이곳은 신자들이 본토에서 신앙생활을 할 수 없어 척박한 섬으로 이동하여 생활했던 작은 섬들이다. 바다에 보이는 군함도는 바다밑에 있는 석탄을 파내기 위해 조선인들을 고생시켰던 곳이다. 일본은 유네스코 문화유산에 등재하려는데 우리와의 약속을 지키지 않아 지금도 감정이 상해 있는 곳이다. 바다 한가운데라서 탈출도 못하게 생긴 섬은 약한 조선인들의 눈물과 목숨이 담겨 있는 듯해 마음이 아팠다. 국가도 개인도 남의 것을 빼앗을 정도는 아니지만, 자신을 지킬 수 있는 힘은 가져야한다.

우리를 태운 버스 기사는 젊은 분이다. 미안할 정도로 깍듯하게 인사를 한다. 타고 내릴 때마다 안전하게 안내하고, 정중하게 고개를 숙인다. 30명에 일일이 똑같은 인사를 한다. 직업정신이 투철하다. 감동이다. 이런 점은 우리가 배워야 할 일이다. 속과 겉이 다르다느니, 위선이라느니 하며 폄하시키는 사람도 있지만, 우리는 몸에 배인 친절이 너무 없다.

불교신자가 성당 건축의 아버지라 불린다

일본은 섬나라지만 갯벌이 없다.

우리의 갯벌이 세계적으로 각광을 받는 건 갯벌에서 나오는 해산물도 많지만. 환경을 정화시키는 탁월한 능력 때문이다.

우리에게만 있는 갯벌이 갑작스럽게 보배처럼 느껴졌다.

본토에서는 신앙생활을 할 수 없어 고토로 쫓겨 와 이곳은 140여 개의 성당이 있다. 종일 성당을 순례했다. 성당 중에는 유네스코에 잠정 목록 된 곳도 여러 개 있다.

3만 명을 생매장 했다 한다. 그중에 한 명이 살아나와 증언을 남겼다. 무덤에서 나온 유골 중에는 입안에서 십자가를 물고 있는 시신도 있었다. 10명을 수용할 수 있는 감옥에 100명을 집어넣어 발이 땅에 닿을 수 없을 정도로 고통을 주었다 하니 인간의 잔인성에 전율이 인다. 뜨거운 열탕에 상처를 내 고통을 받으며 서서히 죽게 하는 고문을 했다. 빨리 죽게 하면 신자들이 웃으며 행복하게 죽으니 견딜 수 없는 고통을 주어 배교하도록 유도하는 방법이다.

우리나라의 천주교 역사도 100여 년의 피의 역사지만, 일본은 300년의 피를 흘린 역사다.

여러 개의 성당을 순례했다. 각각의 양식과 모양이 다르다. 작은 성당들은 크고 우람하지는 않지만 정원이나 나무가 잘 가꾸어져 있다. 조경이 분재처럼 예쁘게 가꾸어진 모습이 이발소에 다녀온 깔끔한 모습이다.

아우사가우라 성당은 벽돌로 지은 건물이다. 성당 건축의 아버지라 불리는 데츠카와 요스케 씨가 프랑스인 페리류 신부를 만나 여러 개의 성당을 지었다. 목조건물만 지은 당시의 일본 건축물들과 달리 벽돌로 지었다. 디자인도 새로운 것이었으니 일본의 건축 양식을 바꾼 것이다. 그러나 그는 평생 불교신자로 살았다.

섬에서 10분 동안 배를 타고 더 작은 섬에 갔다. 신자들이 이곳에서도 주민들의 배척으로 살지 못해 동굴 속에서 살았다는 곳이다. 동굴 입구에는 십자가와 성모상이 서 있다. 기리시탄 동굴이라 한다. 박해를 피해 4가족 8명이 이 동굴에 숨어 살았는데 연기가 나오는 것이 발각되어 모진 고문을 당했다는 것이다. 일 년에 한 번은 이곳에서 미사를 드린다고 한다. 박해 당하고, 고문당하고, 죽임만 당하는 곳을 보니 은근히 화가 났다. 주님! 하느님! 이 모습이 당신 보시기에 좋아 보입니까?

배를 타고 들어간 바닷가에 있는 성당은 주변에 사는 사람이 없어 성당으로서의 역할을 못하고 공소가 되었다. 그러나 오래된 목조건물이 그대로 남아있어 유네스코에 등재될 예정이라 한다.

바다 위에 돌출되어 있는 바위가 성모님이 아기 예수를 안고 있는 모습이라고 이름 지었다. 그렇게 생각하고 보면 그럴듯한 모습이다. 사람들은 실물보다 상상으로 보는 눈을 믿고 싶어 한다.

과연 하느님이 원하시는 모습일까

바다가 그대로 보이는 나카로우라 성당은 경치가 아름다울 뿐만 아니라 조경과 풍광이 멋졌다. 물거울 성당이라고 부를 만하다. 이미치우라 성당은 산 밑에 루르드의 성모상을 안치했는데 프랑스 기적의 루르드 성모처럼 똑같이 만들었다. 기적수의 상징으로 약수가 나오는데 물맛이 좋았다.

천주교는 교리나, 미사통상문이나, 행사나, 전례가 세계적의로 통일되어 있어 세계 어디를 가든 똑같은 공감대를 가질 수 있어 좋다. 가시마사시다 천주당은 유네스코에 등재된 문화재다. 건축물이 화려하지는 않은데 육중하고 심플한 목조건물이다.

이 고토 섬은 박해시대의 성당과 유물과 흔적들을 관광 상품으로 팔고 있다.

과거의 아픔이 지역주민을 살리고 있는 것이다.

오오세자키 등대에서 바다를 보며 피로를 풀었다. 바다 끝에 있는 등대는 하얀색으로 칠해져 멀리서 보면 천사모양으로 보인다. 일본은 어디가나 온천이 나온다. 호텔마다 온천욕을 할 수 있어 좋았다.

식사 때마다 회가 나온다. 회를 좋아하지 않은 나는 좋아하는 일행에게 주었다. 일본의 회는 세계적으로 유명하다. 그러나 우리처럼 싱싱한 생선으로 뜬 회가 아니고 숙성시킨 회다. 그래서 인지 물컹한 느낌이다. 식판에 나온 그릇들이 예술품 같다. 소라에는 소라가, 해초가 그려진 접시에는 회가, 고동에는 젓갈이 담겼다. 음식에 따라 예쁜 모양으로 나온 그릇들을 보며 귀하게 대접받는 느낌이다.

급격히 고령화 된 일본의 시골은 사람 보기가 어려울 정도로 한산하다. 매매한다는 간판을 달고 있는 멋진 주택들이 나와 있다. 우리의 미래를 보는 것 같다.

고토 섬 성지순례를 마치고 다시 배를 타고 나가사키로 돌아왔다. 26성인 기념관에 갔다. 일본은 공식적으로 42위 성인과 393위의 복자가 있다. 그중에 조선인 15명이 복자에 올라있다. 복자는 아직 성인품에 오르지 않았지만 하느님을 위해 살았던 분의 업적을 기리고 그 업적이 기적으로 증거 되었을 때는 성인품에 오를 수 있는 분들이다. 우리나라는 103명의 성인과 124명의 복자가 있다.

순교기념관은 잘 정리되어 있었다. 정면에 26명의 순교자가 두 손을 합장하고 나란히 서있는 구조다. 성인들은 스페인, 인도, 중국, 멕시코인, 수도자 선교사인 신부도 있고 일본인 중에는 불교에서 개종한 분도 있다. 특이한 것은 신자도 아닌 분이 죽으러 가는 선교사를 따라가다 자기도 신자라며 처형당한 분이 2명이나 있다. 12세에서 19세의 어린 청소년이 5명이다. 그들은 하느님에 대한 믿음이 있어서 죽음을 두려워하지 않았을까? 하느님이 선택한 분들일까? 내 마음이 오히려 흔들린다. 두 명의 자식은 서 있고 한 명은 안고 한 명은 뱃속에 있는 4명의 자식과 같이 순교한 여인을 보면서 나는 화가 났다. 정말 하느님이 이런 사태를 원하셨을까? 좋아하셨을까?

갈등으로 안정이 안 된다.

성인 기념 역사관에 조선인도 있다

성인역사박물관 옆에는 26성인 기념성당이 있다. 들어 갈 수는 없었고 외관으로만 봐야 했다. 건축물이 스페인의 유명한 성가정 성당인 가우디 건축 양식으로 지어졌다. 양쪽에 기둥으로 세워진 문양이 작품 같다. 100년 동안 짓고 있는 가우디 성당에는 일본인 조각가 문양도 있다.

붙잡힌 성인들은 추운 날 우마차에 끌려 맨발로 900㎞를 걸어야 했다. 지나면서 돌팔매를 맞기도 하고 매질을 당하면서 처형장에 도착했다. 순교 장소인 미시다 언덕에서 십자가에 못 박혔다. 창으로 칼로 찔러 죽였다. 몸통을 양쪽에서 십자형으로 찔러 심장이 관통하게 했다니 너무 잔인하다. 박해자들은 신자들이 부활할까 두려워 몸과 목을 따로 분리해 묻고 묻힌 장소에다 대나무를 심었다고 한다. 일본 성녀로 추앙받은 오타 줄리아는 임진왜란 때 아기로 데려와 일본인의 양녀가 되었다. 세례를 받고 거룩하게 살아 추앙받는 신이 된 여자다.

이런 순교의 기록을 예수회 프란치스코 신부가 로마교황청에 기록서류를 보냄으로 성인품에 오르는 증거가 되었다. 일본인 21명 스페인인 4명 멕시코인 1명이다. 전시되어 있는 인물 중에는 권빈센트라는 조선인 복자도 있다. 양반 출신인 그는 임진왜란 때 연행되어 세례를 받고 소신학교에 들어가 전도사 생활을 하던 중 대사 자격으로 북경에 가게 된다. 조선 선교사로 가려다 실패한다. 일본에서 선교하다 잡혀 감옥에서 예수회에 입회해 40세에 화형을 당한 분이다.

기념관 안뜰에 작은 비석이 있다. 일본 신자 발견 150주년을 기념하기 위해 나가사키 대주교와 조길환 대구 대주교가 의뢰하여 세운 비석이다. 선교사를 숨겨준 일본인 농부와 임진왜란 때 잡혀온 조선인 카이오가 예수회선교사로 활동하다 잡혀와 둘은 옥에서 만난다. 서로 형제처럼 지내다 같이 화형을 당한 것을 기리기 위해서다. 아무래도 두 국가 간에 친밀을 위한 작업이었을 것이다. 우리나라 순교자들이 박해를 받아 선교사들이 처형되었을 때 시신이 파헤쳐질 위험이 있어 일본교구에서 유골을 모셔와 오우라 천주당에 안치했다가 우리나라가 천주교 박해가 끝났을 때 다시 반환되어왔다고 한다.

일본인 성인 중에는 의사가 많다. 중국 한의에 의존하던 시절에 서양의 신문명인 의술을 배우려는 일본인들은 아무래도 선교사들과 접촉이 많았을 것이다. 그들은 합리적인 사고에 매료되었을 것이다. 그때 받아들인 의술로 일본의 기초의학은 튼튼하다. 그래서인지 노벨상도 많이 받았다. 우리는 평화상 한 명뿐이지만, 일본은 의학과 문학상에 26명이다.

천주교는 세계 어디나 같은 제도다. 그래서 일제 식민지 때 우리나라에는 주교가 없었기에 일본인 주교의 지시를 받아야 했다. 개신교가 3.1운동에 적극적일 때 천주교 신자들은 동참할 수 없었던 과오가 있다. 안중근 의사도 천주교 신자다. 그의 행동이 살인행위라고 천주교회 측에서 냉담했던 이유도 그랬을 것이다.

내가 만난 하느님

예언이 이루어진 오우라 천주당

언덕 위에 있는 오우라 천주당을 오르는데 언덕길에는 일본인 학생들이 많이 내려온다. 교복을 입은 학생들은 원폭을 맞은 평화공원에 견학을 온 것이다. 이들은 자기들이 우리와 중국, 동남아에 저지른 만행은 생각하지 않으면서 원자폭탄을 맞아 자기들이 피해를 많이 받았다며 억울해 한다. 원폭피해는 더 이상 인류에게 일어나서는 안 되지만 자기들도 피해를 준 나라에 사과를 해야 하지 않을까 싶다. 학생들은 의무적으로 이곳 평화공원에 다녀가야 한다.

일본의 극심한 박해로 사제가 없는 기간에 신자 생활을 한 천주교 신자들을 잠복 신자라고 한다. 이들은 숨어서 신자 생활을 했다. 겉으로는 일본 사회에 적응해야 살아남으니 관음상을 성모상 비슷하게 만들어 위장했다. 십자가도 그런 식으로 모셨다. 장례도 불교식으로 치르고 승려가 떠나면 천주교식으로 지냈다니 얼마나 힘든 신앙생활이었을까? 그들에게 버팀목이 되어준 것은 일본인 선교사 바스찬이다. 그분은 천주교에서 지켜야 할 성탄절, 성모기념일, 천주교전례력을 만들었다. 신자들이 신부 없이도 신앙생활을 할 수 있게 했다. 그가 예언하기를, 7대까지 자녀로 인정하며 그 이후에는 사제가 철선을 타고 찾아와 언제든지 고해성사를 볼 수 있을 것이며, '어느 곳에도 성가를 부르고 이교도들이 길을 양보해 줄 것이다'라는 예언을 했다 한다.

1858년 일본은 미국, 영국, 프랑스, 러시아, 네덜란드와 우호통상조약을 맺고 서양의 압력으로 종교를 묵인할 수밖에 없었다.

7대가 지나서 지라드 신부가 프랑스 총영사관 통역으로 일본에 오게 된다. 금교령이 유지되던 때지만 서양 신부들이 들어와 서양인 전용 성당이지만 성당을 짓게 되었다. 성당을 지은 프티장 신부는 250년이 단절된 일본에서 과연 신자가 남아 있을까 싶었다. 성당 건축물 정면에 천주당이라고 한문으로 적은 것은 혹시나 일본 신자들이 알아볼까 해서다. 1865년 2월 19일에 오우라 천주당은 일본 26순교자 성당으로 축성되었고 외국인들이 참석하여 헌당식이 이루어졌다.

성당이 지어지면서 세계사에 없는 놀라운 기적이 일어났다. 250년 동안 숨어 지내던 신자들이 몰래 찾아온 것이다. 7대를 숨어서 대를 이어 예언을 믿고 기다려온 신자들이다. 그들이 기다려온 천주교인지 확인하기 위해 신부에게 물었고 한다.

'산타마리아는 어디에 있나? 당신네들은 성모님을 공경하느냐?'

신부가 성모님이 모셔진 제단으로 안내하자.

'정말 산타 마라아야, 아기 예수님도 안고 계서' 하며 기뻐했다 한다.

'당신은 결혼을 안하느냐?' 그렇다고 대답하자 기다리던 예언이 이루어짐을 알고 숨어있던 신자들이 찾아와 감격에 미사를 할 수 있었다 한다. 잠복 신자를 발견한 감격을 누렸던 프디장 신부는 주교가 되어 55세에 선종해 그 성당 지하에 묻혔다.

과연 신의 뜻은 무엇일까

오우라 성당은 공식적으로는 서양인들을 위한 성당이다. 막부의 정치는 여전히 신자들을 박해했다. 그러나 신자들은 몰래 비밀지하성당을 짓고 민가로 위장해 신부를 불러 미사도 하고 세례도 준다. 스스로 선교사가 되기도 했다. 일본 사회와 다른 행동들로 권력자들과 마찰이 생긴다. 장례라던가 그들의 조상신에 대한 것들이 사회에 영향을 미치고 권력체제에 도전이라 생각했기에 박해는 여전했다. 신자들을 붙잡아 고문도 하고 유배를 시킨다. 서양의 압력으로 사형은 시키지 않았지만 신자들은 여전히 박해를 받아야 했다. 1873년 메이지 정권은 금교령을 폐지했다.

종교가 자유화되면서 오우라 성당은 두 배로 증축되고 신자 수도 급격히 늘어난다.

이때 활발하게 성당이 지어져 현재 나가사키에는 130개의 성당이 있다.

그러나 지금도 일본은 예수님을 믿는 신자 수는 많지 않다. 불교도 불교가 아니다.

일본 신자들의 비극은 계속되었다. 기타큐슈에 투하되기로 한 원폭이 나가사키에 투하된 것이다. 1945년 8월 9일 일요일에 우라카미 성당에서 미사를 드리고 나오던 그 시간에 성당위에 원자폭탄이 떨어진 것이다. 신자 12,000명 중에 8,500명이 즉사했다. 이런 비극이. 과연 신의 뜻은 무엇일까 묻고 싶다.

『나가사키 종』이라는 책을 집필해 유명해진 의사인 다카시 박사는 아내도 원폭에 묵주를 온몸에 감고 죽었다. 본인도 피폭 당해 아픈 몸으로 환자를 돌보며 원폭체험기를 집필했다. 원폭에 성당이 잿더미가 되었는데 두 개의 종은 멀쩡했다. 그중 하나가 다음 해 크리스마스 때 주민들에게 용기를 주기 위해 종이 울렸다.

나가사키의 종소리다. 나도 그 책을 읽으면서 신앙인의 마음가짐을 되새겼던 기억이 있다. 모든 것을 잃은 다카시 박사는 여생을 신자로서 사랑을 실천하며 피폐한 영혼과 마음을 위로하는 많은 작품을 남겼다. 43세에 선종했을 때 천주교 신자나 불교 신자를 가리지 않고 2만 명의 주민들이 장례를 치렀다고 한다.

우라카미 성당은 다시 재건해 두 개의 종을 종탑에 넣었다. 원폭 당한 성당 잔해들은 원폭 참상을 기리는 평화공원에 이전하고 새로 세워진 성당은 철근으로 지어졌다.

이 비극과 고난의 역사를 위로하기 위해 우리나라도 방문했던 요한 바오로 2세 교황은 나가사키 순교지를 방문해 〈지극히 행복한 언덕〉이라는 이름을 지었다.

마지막 날엔 운센 성당에 들렀다. 운센은 유황이 팥죽처럼 끓어오르고 지옥이라 부르는 유황 연기가 자욱한 온천지구다. 이곳에서 신자들을 고문했다. 고문한 흔적이 여기저기 있다. 뜨거운 온천물에 밀어 넣기도 하고, 상처를 내 담그기도 했다 한다. 신자가 5명이라는 운센 성당은 어떻게 관리될까 걱정이 되었다.

순례를 마치고 돌아오면서 나는 어떤 신앙생활을 하는지 반성해 본다. 지금도 세계 곳곳에는 자기와 다른 종교라고 박해하고 살해하는 곳도 있다. 편협한 마음에 이기심이 끼어 종교전쟁과 파벌을 일으킨다. 하느님은 사랑이라는 가르침을 다시 일깨워야 할 때인 것이다.

13장

아름다운 섬을 돌다

백령도는 어획량보다 벼농사가 더 많다

　많은 사람이 백신을 맞고 나니 무서웠던 코로나는 조금은 느슨해진 것 같다.

　연안부두에서 4시간 동안 배를 타고 도착한 백령도는 20년 전에 와 봤지만 그사이 많이 변해 있다. 이번에는 김대건 신부 탄생 200주년 기념 차원에서 순례 겸해서 온 여행이다.

　백령도는 우리나라 최북단에 있어 천안함 사건, 북한 폭격 사건, 등으로 안보 위기를 직접적으로 겪고 있는 섬이다. 곳곳에 붉은색을 띠는 해병대 근무지가 많다. 아무래도 육지에 사는 사람보다 불안감이 더할 것이다. 그래서인지 인구도 많이 줄었다고 한다. 북한과 가장 가까운 거리다보니 남북한의 평화가 절실하게 실감하는 지역이다.

　용기포 항에서 내려 새로 건축한 펜션에 짐을 내렸다. 이곳은 호텔은 없고 대부분 민박이나 모텔이다. 그러나 새로 짓는 건물들은 예쁜 모양의 펜션이 들어서고 있다. 공사 중인 곳도 많다.

코로나가 해제되면 밀려올 관광객을 예상하고 있는 듯하다.

백령도 성당에 갔다. 김대건 신부가 선교사들의 입국루트로 활약하던 순이도. 지금은 북한 땅이 된 순이도에서 잡혀 새남터에서 처형당했다. 그래서 백령도가 성지가 되었다. 백령도 성당에는 김대건 신부의 차아가 성광에 담겨있다. 이번 여행에 김대건 신부님의 집안인 신부님도 같이 동행해 의미가 깊었다. 김 신부님은 형제 4명이 신부고 한 분은 수녀고 한 분은 동정녀로 어머니를 모시고 한 분만이 결혼을 했다 한다. 예수를 믿어 세속적으로 보면 그야말로 가문이 초토화된 것이다. 박해 당시에도 26살의 유능한 김대건 신부와 그의 부모형제들이 모두 순교했다. 집안이 몰락한 것이다. 김대건 신부님은 죽어서도 뼈가 온전하지 못하고 전국성지에, 성당에 조각조각 갈라져 보관하고 있으니 일반인들의 눈으로 보면 이해할 수 없는 일이다.

백령도는 섬이라 어획량이 많을 것 같은데 북한과 중국어선과 대치해 있어 어획량이 많지 않다고 한다. 꽃게가 많이 나는데도 중국 어선들의 잔치다. 의외로 벼농사가 많았다. 인구가 5천 명 정도라 1년 농사를 지으면 3년을 먹고 살 수 있다고 하나 벼는 모두 정부에서 수매해가 여기 사람도 여기 쌀을 먹기 어렵다 한다. 간척지를 만들어 농업용지가 많은데 그곳에 농업용수를 대주는 담수호가 바다처럼 넓다.

장군의 머리라는 두무진의 절경

사곶해변은 예전엔 비행장으로 사용했다. 모래가 단단히 굳어 있어 사람이 들어가도 발자국이 남지 않는다. 천연 비행장은 세계에 두 곳이 있다. 이탈리아와 이곳이다. 그러나 지금은 비행장으로 사용하지 않는다. 드넓은 갯벌은 어린애들이 뛰어놀기 좋은 곳이다. 백령도 바닷가 안쪽에 큰 대못이 거꾸로 박힌 것들은 북한군이 쉽게 넘어오지 못하게 해 놓은 장치다. 보기가 좋지 않았다. 성게 가시 같은 모양이다. 언제쯤 해변이 해변다울까?

백령도의 가장 아름다운 비경은 두무진의 기암괴석이다. 날씨가 좋지 않아 다른 일정을 뒤로 하고 유람선을 먼저 타기로 했다.

장군의 머리와 비슷한 모습이라 두무진이라 한다. 모든 바위가 바다를 향해 있어 홍도의 기암과 태종대를 합해 놓은 듯하다. 유람선을 타고 해안을 40분가량 돈다. 돌의 형상과 생김새에 따라 사연도, 전설도, 이름도 있다. 선장은 계속 설명하며 안내 방송을 한다. 코끼리 모양을 하고 있는 코끼리바위, 장군바위, 형제가 나란히 서 있는 모습인 형제바위 늙은 신선의 마지막 작품이라는 신선바위 등등의 여러 이름들은 인간의 눈으로 지은 이름이다. 바위들은 수천 년 그 자리에 있으면서 서해의 사건 사고들을 지켜봤을 것이다. 외국 어디에도 빠지지 않은 장관들이다. 남해에 해금강이 있다면 서해에는 두무진이 있다. 인간들이 만든 조형물들은 자주 보면 싫증이 나는데 자연은 볼수록 신기롭고 새롭게 보인다. 유람선을 타고 보는 모습도 장관이지만 산 위에서 보는 모습은 웅장하고, 거대하고, 위용이 있다. 바닷바람이 바위를 다듬고 갈아서 예술작품을 만들었다. 바위를 숨 쉬게 하고 보는 사람마다 다른 형상을 보게 한다. 길어야 100년의 수명을 가진 사람으로서는 만들 수 없는 기기묘묘한 작품들이다. 그냥 자연 앞에 겸허히 고개 숙일 뿐이다. 이 풍광들을 인간들의 인위적인 손

내가 만난 하느님

으로 더 보태지도 말고, 빼지도 말고, 그대로 보존되기를 바랄 뿐이다. 이따금씩 물범들도 나와 장난을 친다. 평화로운 모습이다. 남북대치만 아니면 사람들도 그렇게 평화로울 것이다.

통일기원비는 통일을 기원하는 해병대 장병들이 새운 비다.

천안함 위령탑에는 좌우에 탱크와 전차포가 진열되어 있다. 순직한 46명의 용사 위령탑에는 목숨을 잃은 잘생긴 젊은이들의 얼굴이 동판으로 박혀있다. 세 개의 기둥은 영토를 지키겠다. 영해를 지키겠다. 국민을 지키겠다는 의미라 한다. 탑 한가운데는 꺼지지 않은 불꽃이 타오르는 듯 켜져 있다. 순국 영혼을 위로하기 위해서다. 이 바다에서 천안함이 침몰되었다. 은근히 속이 상했다. 군사력은 세계 6위고 방위비가 북한의 수십 배가 넘게 국민의 세금에서 지출되는데 어뢰를 쏘는 것을 감지하지 못했다면 직무유기 아닌가? 이 젊은이들의 부모들이 평생을 가슴앓이하며 살 것을 생각하니 마음이 아파왔다.

콩돌 해변에서

콩돌 해안은 돌들이 콩처럼 동글동글하다.

콩처럼 작은 것도 있고 납작한 것도 있다. 맨발 벗고 걸으면 발마사지다. 얼마나 많은 세월에 바닷물에 부딪치고, 깎이고, 보대끼고, 닦였으면 밟아도 상처 내지 않게 몽돌이 되었을까?

내가 콩돌이 되려면 얼마의 세월이 지나야 할까?

용트림바위는 용이 하늘로 오르려고 애쓰는 모습이다. 인간의 상상력은 전설과 소설과 신화를 만든다. 사자바위는 이런저런 전

설을 만들어 사자바위라고 이름을 붙였다는데 모양은 도롱뇽이
나 도마뱀 같다. 아마도 도마뱀보다는 스토리상 사자가 그럴듯해
보였던 게 아닐까?

심청이가 임당수에 빠져 죽었다는 소설의 배경이 백령도다.
심청이를 기리기 위한 심청각이 한옥기와로 잘 지어져 있는데 코
로나로 문을 닫아 아쉽다. 심청 효녀상도 동상으로 있다. 치마를
들고 파도치는 배에서 막 떨어지려는 모습이다.

효를 중시하고 노인들이 우대받던 시절의 이야기다. 외국인들
은 심청전을 이해하지 못한다고 한다. 합리적인 그들의 사고로는
계산이 안 맞는 것이다. 소경인데다 늙어서 곧 죽어야 하는 노인
을 위해 젊은 사람이 팔려가 죽임을 당해야 한다는 게 사리에 맞
지 않은 것이다. 우리 젊은이들도 효의 개념이 시대에 따라 달라
지고 있다.

섬 여행은 계획한다고 계획대로 행해지지 않는다. 일정상으로
는 백령도에서 1박을 하고 대청도에서 1박을 하며 일출과 일몰을
보기로 했는데 비바람이 몰아오는 바람에 배가 묶여 떠날 수가
없다. 할 수 없이 백령도에서 1박을 더 해야 했다.

갑자기 갇혀있는 느낌이 들었다. 섬의 한계를 느낀다.

아침 일찍 첫배를 타고 대청도에 도착했다. 백령도와 대청도는
20분 차이다. 날이 좋으면 바다 건너가 보인다. 위급한 상황이 생
기면 불안할 것 같다. 건강할 때는 섬에서 살아도 노인이 되면 병
원 가까운 도시로 나온다고 하니 이해가 간다. 백령도나 대청도
는 주민이 떠나지 않도록 정부에서 많은 혜택을 준다. 노인들에
게도 일자리를 주어 생계를 이어가게 하고, 섬에 들어와 10년 이
상 정착하거나 자녀들을 낳으면 정착금도 주민수당도 준다. 어

떤 젊은이는 육지에서 살기 힘들어 대청도에 들어와 결혼하고 애를 넷이나 낳는데 한 달에 60만 원씩 가족수당이 나온다고 한다. 이곳도 땅값이 많이 올랐다. 펜션을 짓고 있는 곳이 많다. 앞으로 여행객을 맞이할 준비를 하는 것이다. 언제 코로나가 인간에게서 떠날지 갈수록 더 심해지는 것 같아 암담하다.

아름다운 농여해변

선진포 선착장에 내려 아침을 먹고 농여해변에 갔다.

대청도 두무진과는 또 다른 아름다운 풍경이다. 해변 주변으로 기기묘묘한 형상의 바위들과 오래된 나무토막이 해풍에 나이테를 만든 것 같다. 마침, 물이 빠져 해변을 거닐면서 바다와 모래사장과 바위의 모양들을 볼 수 있었다.

자연은 어떤 모습을 하던 존재 자체만으로도 아름답다.

이곳의 일몰과 일출이 기가 막히게 아름답다는데 보지 못해 아쉽다. 풍랑이 심해 배가 뜨지 못해서다.

한국의 사하라라고 하는 모래 사구는 모래가 움푹 파여 있다. 바람이 모래를 이곳에 몰아 놓은 곳이다. 소나무 숲까지 모래를 쌓아 놓았다. 자연 스스로가 움직여 만들어 놓은 사구다. 데크로 다리를 만들어 놓고 사진을 찍을 수 있는 장소도 만들어 놓았다. 사막을 연상하기 위해선지 낙타조형물을 네 마리 세워 놓았다. 전망대에서 보는 바다의 풍경은 그림이다. 날개를 펴고 날아가는 매의 형상을 크게 만들어 놓아 위용 있어 보인다. 전망대 옆에 있는 산을 가파르게 올라가 내려가면 러브 브릿지 다리가 있다. 이

산과 저 산을 잇는 다리를 놓았는데 하트모양의 문양을 곳곳에 넣었다. 젊은이들이 쌍쌍이 사진을 찍는다. 요즈음은 표현하는 시대라서 사랑도 형상이 있어야 하나보다.

모래울 해변은 우람한 소나무가 아름답다. 산책하기 좋은 곳이다. 조금 떨어져 바다에 있는 작은 섬을 사이에 두고 소나무를 배경으로 사진을 찍었다. 동양화의 한 폭이다. 내가 찍었지만 너무 멋진 사진이다. 바닷가로 쳐진 소나무 가지와 가까운 섬과 멀리 있는 섬의 조화는 마음을 편안하게 한다. 자랑을 했더니 역시 유튜버라서 사진을 잘 찍는다는 칭찬을 들었다.

점심을 먹고 얼마 전에 축복식을 한 대청도 성당에 가보고 싶다고 해 일행들이 그 성당에 갔다. 신자들이 많지 않은 곳에 성당을 짓는 게 경제적인 어려움이 많았을 것이다. 그곳 신부님은 건축사라 직접 설계를 해 건축비를 아꼈다 한다. 유럽식의 건물은 신자들이 공동체 안에서 상호교류하기 좋게끔 성당보다는 공유 건물을 넓게 한 것이다. 이 성당이 대청도에 명물이 될 것 같다는 생각이 들었다.

선진포 선착장에 세 명의 어부가 노를 젓는 조형물이 있다. 대청면사무소는 대청도의 역사를 기록한 사진들이 곳곳에 붙어있다. 이곳 관공서 지하에는 대피소가 있다는데 항상 긴장하고 살아야 하는 주민들의 불안을 이해할 것 같다.

우리나라에 있는 섬들을 들러보려는 계획이다. 좀 더 일찍 시작했어야 하는데 하는 아쉬움이 드는 건 나이 들어 느껴지는 다리의 휘청거림일까?

내가 만난 하느님

흑산도 아가씨는 어디 갔나?

흑산도와 홍도는 35년 전에 다녀갔다. 그때는 모든 게 어설펐다. 목포항에다 차를 놓고 배를 타고 가면서 배에서 먹고 떠들고 출렁이는 배에 멀리를 했다. 시설이 열악해 배 안에서 만나 술자리를 함께한 분의 집에서 민박을 했다. 물도 없어 씻기도 미안했던 기억이 난다.

목포에서 고속정을 타면 두 시간이 걸린다. 신안군에 속한 다도해 해상국립공원은, 홍도를 같이 경유하는 코스라서 배 시간에 맞추어 관광시간을 짜야 한다. 마음먹고 오기 전에는 전체를 보기가 어렵다. 우리나라에 3300여 개의 크고 작은 섬이 있다. 그중에 신안군에 있는 섬들이 1,004개다. 그래서인지 천사섬이라는 광고를 하고 있다. 전남은 섬 부자인 셈이다. 코로나로 묶여 있던 사람들이 숨통이 트였는지 배는 사람들이 많았다. 홍도를 가기 위해 들린 흑산도는 유람선을 타고 여유 있게 구경하기는 시간이 안 되었다. 관광객을 기다리는 일 주 버스를 타고 해변도로를 돌며 넉살 좋은 기사의 해설을 들었다. 낚시꾼들이 좋아하는 코스이기도 하다. 전복을 양식하는데 청정 바다에는 양식장들이 반듯반듯하게 정리되어 있다. 섬 주변을 버스로 일 주 하는데 산등선에다 길을 내 어지간한 기사는 운전하기 어려울 것 같다. 꼬불거리는 도로가 급경사인데다 스프링처럼 생긴 도로다. 그렇게 산 정상까지 가서 내려오는 길이 또한 그렇다. 이 섬도 인구가 줄어드는데 그래도 유명세가 다른 지역보다는 나은 셈이다. 지자체에서 섬을 관광 상품으로 투자와 홍보를 아끼지 않는 흔적이 보인다. 흑산도는 최익현 선생과 정약전 선생의 유배지다.

흑산도에 유일하게 관광호텔이 있다. 관광호텔을 천주교광주교구에서 매입해 일부는 피정의 집으로 사용하고 남은 일부는 관광객들에게 숙소로 내준다. 신부님들이 운영한다. 흑산도가 성지의 못자리라서 앞으로 성지개발을 해야 해서다. 옆에 있는 성당은 오래된 건물인데 주변을 대대적으로 가꾸어 문화적인 곳으로 새롭게 설계 중이라 한다. 정약용 동생인 정약전 선생이 종교적인 박해로 이곳에 유배 생활을 하면서 후학을 가르치고 자산어보를 집필했다. 어부들은 고기를 잡아 생활하면서도 물고기에 대한 정확한 기록과 생태와 정보를 모른다. 자산어보는 어류의 백과사전이다. 자산어보와 유배지 공원에는 책에 기록되어 있는 물고기 형상과 물고기의 생태를 그대로 조각해 공원을 만들었다. 업적을 남긴 사람들의 특징은, 고관대작으로 잘 나가던 때가 아니라, 관직에서 쫓겨나 귀양살이하며 한적한 시간에 작품과 업적을 남긴 예가 많다. 그 시간에 후학을 가르치고, 연구를 하고, 자기를 성숙시켰다. 가장 비참하고 힘들 때가 지나고 보면 축복의 시간이었음을 깨닫는다.

이미자의 노래에 나오는 흑산도 아가씨는 모두 도시로 나가고 노인들만 남아있는 흑산도. 아름다운 풍광은 떠날 수 없어 그대로다.

홍도야 우지마라. 우리가 있다

흑산도에서 1박을 하고 아침 일찍 홍도 가는 고속정을 탔다. 40분 후에 내린 홍도는 34년 전의 모습이 아니다.

여러 편의시설이 갖추어진 마을에 눈에 띄는 건 허름한 유리문에 쓰여 진 라이트 클럽 간판이다. 먹고, 마시고, 노래하고, 춤추는 본능적인 행동은 아마도 섬사람들에겐 더 절실한 현존인지도 모른다는 생각이 들었다.

홍도는 작은 섬이라 항구 주변 이외는 더 나다닐 수도 없는 곳이다. 오직 홍도가 유명한 것은 바다에 자리 잡은 여러 형상의 바위들이 마치 분재를 연상하듯 아름답다는 것이다.

누군가는 베트남의 하롱베이 보다 더 좋다고도 하고 바위의 다양한 형상들이 금강산 일만이천봉 보다 더 아름답다고도 한다. 백령도의 두무진 바위도 아름답지만 홍도의 바위들도 못지않아 보인다. 바위들은 인간의 상상으로 전설과 이야기를 만들고 있다. 유람선을 타고 섬 둘레를 도는데 한 시간 반 정도면 넉넉하다. 유람선으로 보는 이 관광이 홍도의 전부다.

바위는 형상에 따라 독립문바위, 남문바위, 촛대바위, 거북바위, 삼각관계 부부바위, 봉황바위 등 33개의 이름이 붙여져 있다. 신이 만든 위대한 작품이다. 우리도 해외에 적극 홍보해 적극적으로 외국인을 유치했으면 좋을 것 같다는 생각이다.

관광산업은 공해 없이 부가가치를 창출할 수 있는 사업이지 않은가.

섬 주변을 도는 동안 해설자가 바다 한가운데서 휴게소에 들리겠으니 회도 먹고 술 한 잔 하며 즐겨보란다.

바람막이가 되어 있는 바위 안쪽에 지나가는 유람선마다 그곳에 서 있다. 작은 배 위에 회를 팔고 술을 준비해 놓고 기다리는 나룻배가 있다. 한 접시에 3만 원이라는데 시중 계산하고는 영 다르지만 많은 사람이 줄 서서 샀다. 이곳에서 회 한 접시의 맛은 또 다른 맛일 것이다. 35년 전에도 이곳에서 이런 판을 벌였던 기억이다.

홍도는 그 자리에 있는데 사람들은 세월 속에 묻혀간다.